Артём Перлик

ТЫ НУЖЕН МНЕ

ЛУЧШИЙ ПОДАРОК – ТВОЁ СЕРДЦЕ

ORTHODOX LOGOS PUBLISHING

ТЫ НУЖЕН МНЕ

Лучший подарок – твоё сердце

Артём Перлик

© 2025, Orthodox Logos Publishing, The Netherlands

www.orthodoxlogos.com

ISBN: 978-1-80484-204-1

This book is in copyright. No part of this publication may be reproduced, stored in a retrieval system or transmitted in any form or by any means without the prior permission in writing of the publisher, nor be otherwise circulated in any form of binding or cover other than that in which it is published without a similar condition, including this condition, being imposed on the subsequent purchaser.

Артём Перлик

ТЫ НУЖЕН МНЕ

ЛУЧШИЙ ПОДАРОК – ТВОЁ СЕРДЦЕ

СОДЕРЖАНИЕ

ВСТУПЛЕНИЕ	9
КАК ВСЁ НАЧИНАЛОСЬ	13
ИСТОРИЯ ГРУППЫ ВОЛОНТЁРОВ	18
МОЛИТВА И ТАИНСТВА КАК ОСНОВАНИЕ СЛУЖЕНИЯ	42
КОГДА В ДВЕРЬ ПОСТУЧИТСЯ ЧУДО	51
ЧТО ТАКОЕ ПОДВИГ	60
ДЕТИ ВОСЬМОГО ДНЯ	69
ОНКОЛОГИЯ. ПРИГОВОР ОТМЕНЯЕТСЯ	77
КРЕСТНИКИ И ИНВАЛИДЫ	85
ДОБРЫЕ ИСТОРИИ О ДОБРЫХ ЛЮДЯХ	92
Детский вопрос	92
Старушка	92
Богородица и девочка	92
Христос и добрый неверующий	93
Святой Николай и студент	93
Молящийся пьяница	93
Посещение храма	94
Святой Николай и цветы	94
Балда	95
Слабоумный пономарь	95
Причастие атеиста	96
Светлая бабушка	96
Мнимый больной	97

Духовный Закон ... 97
　Водопроводчик ... 98
　Мой дорогой дядя ... 99
ВОЛОНТЁРСТВО ГЛАЗАМИ ВОЛОНТЁРОВ ... 102
ПРЕДНАЧАЛЬНОЕ И ПОТОМ ... 111
　О том, что было ... 115
　О Церкви ... 116
　О Писании ... 117
　О догматах ... 118
　О моём крещении ... 118
　Об истине ... 119
　О причастии ... 120
　Как увидеть Его заботу ... 122
　Штрихи к портрету волонтёров ... 123
　О моей волшебной подруге ... 124
　Как я был толкинистом ... 126
РОЛЕВЫЕ ИГРЫ КАК ВОЛОНТЁРСТВО ... 132
ВОЗМОЖНО ЛИ ПЕРЕДВИНУТЬ ГОРУ ... 136
О ТРИЖДЫ ИНТЕРЕСНОЙ ЖИЗНИ ... 143
О ПУТИ К РАДОСТИ ... 149
КАК ИДТИ ДОМОЙ ... 156
　Изгнание и благословение ... 156
　О добрых людях ... 157
　О молитве ... 158
　Доверие Богу ... 159
　Служение ... 160
　О мире ... 161

О страстях 161
О неблагодарности 162
О паломничестве с больными 163
О нищих 164
Мудрость 165
Волонтёры и общение 165
Волонтёры и промысел (путешествие в интернат) . 166
Советы волонтёрам 168
Несколько слов о проповеди 170
О милостыне как молитве 172
ПРОДОЛЖЕНЬЕ ВМЕСТО ПОСЛЕСЛОВЬЯ 176

ВСТУПЛЕНИЕ

Когда-то в юности, когда жить мне было невыносимо плохо и сложно, а каждый день приносил новую нестерпимую боль, во мне сложился такой образ, что я живу в доме страданий, где всё – тяжесть и тяжести нет конца, тут не играют флейты, но ведь есть же в мире такие места, где можно услышать эту высокую музыку. Музыка флейт для меня была образом того мира, где люди не мучают друг друга и где существует родство. Тогда мне очень хотелось, чтобы нашелся человек, герой, который бы явился ко мне и прервал тяжелейшую боль, в которую мои родственники превращали моё существование. Но прошли годы и я увидел, что вокруг именно меня, как и каждого другого человека, живут сотни и тысячи других, которые ждут того же.

«Человека не имею», – отвечал Христу больной, которого некому было опустить в исцеляющие воды источника. Каждый страдающий ищет именно человека, который придёт к нему и разделит боль, примет на себя тяжесть и покажет, что страдалец не одинок и в тот момент, когда ему кажется, что рядом никого нет.

Когда известный греческий старец Дионисий Каламбокас спросил меня, кем я хотел быть в детстве, то мне вспомнился диснеевский мультфильм «Чип и Дейл спешат на помощь», про зверушек-спасателей, которые решали чужие проблемы. И я сказал, что хотел быть таким спасателем, тем человеком, к которому всегда может прийти грустный ближний.

Бог исполнил мою мечту, хотя и вёл меня к этому Своими, тогда непонятными мне, путями.

Когда мы встречаемся в своей жизни с тем, как Бог управляет нашу ситуацию по Своей воле, то мы видим, что Его решение самое лучшее, равно как и самое непредсказуемое.

Все страдания, в конечном итоге, обретали смысл, как и вся жизнь становилась наполненной именно тогда, когда в жизнь других удавалось приносить хотя бы какой-то свет.

О смысле существования я задумывался с самого раннего возраста. До девяти лет я был идейным коммунистом, и смысл видел в служении обществу, но в девять лет разочаровался в коммунизме, и стал видеть смысл в творческом преобразовании бытия. Позднее мне встретилась одна художница, которая мыслила сходным образом: если она напишет новую картину – в мире будет больше света. Так же думал и я, полагая, что каждое произведение умножает свет, и именно в этом моё служение. Чувство важности умножения света меня не подвело (оно вообще всегда двигало моими стремлениями), а уже по приходу в церковь мне открылось, что такой труд имеет глубочайшую обоснованность в богословии, где считается, что человек создан Богом, в том числе, и для всяческого умножения Господня пространства вокруг себя, что это дело было поручено первым людям в раю, как важнейшее служение; оно не прекратится для всех нас и после Второго пришествия, когда земля и небо станут другими.

И всё же помню, что чем бы я ни занимался и как бы ни проводил время, вечерами всегда приходило ощущение напрасно прожитого дня. Эта напрасность была на самом глубинном уровне и её не могли скрасить ни размышления, ни учёба, ни поиск, ни влюблённость, ни развлечения, ни даже сам труд. Напрасности не было только тогда, когда в этот день удавалось сделать что-то важное для других: утешить кого-то, написать стихотворение, ведь все настоящие стихи существуют для других.

Помню, ещё до прихода в церковь, я старался избавиться от всепоглащающей напрасности бытия, но она оставалась, и ничто, кроме помощи другим, от неё не избавляло. Только потом, когда в мою жизнь вошли литургия и церковные таинства, я с удивлением заметил, что чувство напрасности сменилось удивительным ощущением важности каждого дня и каждой минуты. Жизнь стала причастной вечности, и этот факт ощущала моя душа. Спустя много лет мне встретилась женщина, кандидат философских наук, которая описала своё ощущение до прихода в церковь и после в тех же категориях напрасности и ненапрасности.

Прошло какое-то время, я ещё был самым начинающим неофитом по мировоззрению и вдруг заметил, что чувство напрасности возвращается когда ты уже знаешь храм, и возвращается оно если ты весь день провёл для себя и только для себя.

Что-то подобное замечали и самые чувствительные из моих церковных знакомых, хотя большинство верующих в такие тонкости никогда не вдавалось. Так, один парень по имени Александр, посещавший психически больных детей в интернате и приносивший им угощения, говорил, что ни за какое другое дело Бог не даёт ему столь явно ощутимой благодати.

В то время некий священник заметил нам, что радость — естественное состояние души человека, а уныние, боль и страсти, хоть и привычны, но не естественны и не для них мы были приведены в жизнь, но чтобы обрести радость. Точно так же об этом всегда думал и я, хотя слишком многие мои знакомые из православных считали, что духовная жизнь целиком должна строиться на унынии, мрачном настроении и угрюмости, потому что вся эта угрюмость будто бы «смиренней» радости.

Мне пришлось прилагать усилия и борьбу, чтоб отстаивать право на радость, и чтобы отыскать её там, где она живёт, потому что само по себе вхождение в церковь ещё не делает человека счастливым, разве только в первые дни его неофитства.

О пути к радости, пути важном, сложном и соприродном нашей душе – эта книга.

КАК ВСЁ НАЧИНАЛОСЬ

Нам для преодоления наших трудностей и огорчений нужен другой человек, нужна помощь сочувствующего и, конечно, такая помощь нужна тем, кто давно уже её ниоткуда не ждёт. Это больные, инвалиды, старики. Это те, кто живёт по соседству с нами, но отчаялся встретить среди людей человека. Встретить того, кто готов разделить его горе, его нужду, его страдания, кто готов выслушать его боль.

И мы можем приходить туда, где так трудно жить.

Кто-то скажет: «Мне и самому бывает трудно…». Всё это так. И всё же: разделить боль другого – значит привести Христа в жизнь того человека. Тогда мы откроем двери сердца Богу, чтобы Он мог прийти к нам, и в Его присутствии вся жизнь станет снова значимой и цветной, потому что тот, кто принёс свет в чью-то жизнь, и сам не останется без света.

Много раз меня спрашивали, нужно ли для помощи людям благословение священника?

К сожалению, слишком многие воспринимают благословение как разрешение что-то делать, тогда как для святых отцов оно было благодатным укреплением человека на выбранном им пути. Благословение, понимаемое как разрешение посещать больных и инвалидов не рождает стремления к миссии и делам милосердия. Дело в том, что в глубинном понимании благословение – это не юридическое разрешение что-то делать, а ниспослание высшей помощи человеку в том его труде, который предельно дорог его сердцу. Так, благословение не создаст художника, музыканта, поэта, но дарует ему небесную, благодатную помощь. Подобно как венчание не поможет молодожёнам любить друг друга, но создаст условия для превращения их семьи в таинство.

Христос сказал: «От избытка сердца говорят уста». Если этот избыток есть, если человек прикоснулся к небу, то он передаст это прикосновение своим слушателям.

Когда к митрополиту Антонию Сурожскому приходили молодые люди, чтобы получить благословение стать священниками, он им говорил: «Становись, если чувствуешь, что можешь о Боге говорить так, как никто и никогда до тебя не сказал».

Благодать Божия помогает каждому раскрыть свою собственную глубину неким неповторимым образом, наиболее присущим именно для этой личности. Если это в миссионере совершается, то обязательно будут люди, которым он принесёт свет.

Священник не должен навязывать служение человеку, хотя может что-то предложить, помочь пришедшему правильно понять свою душу, если конечно у священника хватит опыта на постижение души пришедшего к нему за советом. Знаю некоторых людей, которые по недостатку времени не имеют возможность посещать интернаты и больницы, но охотно дают деньги на угощение, чтобы волонтёры отвезли купленное больным.

Так, моя знакомая Анна О. выйдя замуж и родив ребёнка, не может более ездить со мной к больным, но она придумала готовить им угощение и передавать приготовленное через меня.

Вспоминаю дни, я тогда только пришел в православие, и в храме, куда я тогда ходил, прихожанка Лариса собирала деньги на поездки в интернат к психически больным. После службы она становилась у выхода из храма, и каждый, кто только хотел, выходя, опускал деньги в её корзинку. Я всегда становился с ней рядом и смотрел на её лицо и на тех людей, которые, когда подавали деньги, и сами становились радостнее и как будто чище. Так я мог простоять и до получаса, ведь Лариса была добра и от неё не хотелось никуда уходить.

Там я инстинктивно осознавал, что есть ещё и такое доказательство истинности православия – благодать преображенного человека. Благодать, проявляемая в жизни, взгляде, светоносности лица, торжестве Духа, сияющего сквозь человека. Такое можно заметить не только в святых, но и в некоторых (хотя и редких) верующих.

Можно много спорить о вере, но когда ты чувствуешь, что ты нужен – что может быть лучше этого? Особенно, если учесть, что дома меня ожидали только обиды и побои, боль и страх. А здесь, в лучах особого света, ничего этого как будто не было. То есть я так же помнил, что мне придётся идти домой, где я получу новую порцию унижений, но само существование высоких людей лишало злодейство его основной силы – безнадёжности. В храме и рядом с Ларисой я знал, что так как я терплю всегда не будет, что у зла есть предел и срок, каким бы могучим оно ни казалось.

Нашей душе важно найти свой соприродный труд. Философ Григорий Сковорода говорил когда-то о сродном труде. Это и есть тот труд Адама и Евы в раю, который приносил наслаждение, потому, что был глубоко близким совершавшим его людям. Такой труд возможен и сейчас. Большинство людей не знают об этом только потому, что трудится ради того, чтобы заработать деньги, и на деньгах сосредотачивают все свои усилия. А святые отцы пишут, что у труда ради заработка могут быть две высокие цели:

не сидеть на шее родителей и помогать нуждающимся. Ведь ценность денег в том, что их можно отдать другим, у кого их нет. Если так настроить себя, что трудишься ради блага другого, то труд начинает приносить радость. Так ведь и диккенсовский персонаж, богатей Скрудж, познал счастье лишь тогда, когда начал подавать милостыню, раздавая часть того, что имел. Точно так же как и в жизни Скруджа всё это происходит с нами. Деньги радуют нас только если мы превращаем их в радость для других.

Приведу пример. Этот случай мне рассказал ученик четвёртого класса Дима. Как-то вечером, когда он уже лёг спать, вернулись с работы его родители. Они потребовали, чтобы Дима немедленно отправился в киоск у дома за газированным напитком. Дима неохотно пошёл, внутри себя, возмущаясь и ругая своих родных. Но потом ему пришла в голову мысль: «Ведь я же иду для того, чтобы маму обрадовать». Так в его путешествии в магазин появилась цель. И хотя внешне ничего не изменилось, и ему предстояло проделать ту же работу, в этом действии появился смысл, который стал явен для него. А вместе со смыслом пришла и радость доброго поступка, которую знают только те, кто этот добрый поступок совершили.

Человек может делать много и запутаться в выборе дела, и чтобы этого не случилось, хорошо посоветоваться с тем, кто вас знает и в силах дать вам совет или подсказку.

Мудрый совет может защитить неопытного человека от необдуманных действий. Ведь, бывает, что путь, который нам кажется прямым, ошибочен. Помню случай, когда в один из интернатов Донецкой области пришли сектанты. Руководство интерната пустило их, купившись на пропаганду «здорового восточного образа жизни». Конечно, сектанты в интернате – это не слишком хорошо. Но присутствовавший при их приходе неумелый православный волонтёр стал кричать и на них, и на сотрудников интерната, что они допустили сюда эту «нечисть». Поведение волонтёра было весьма хулиганским, хотя ему казалось и до сих пор кажется, что оскорбляя людей, он послужил церкви. В итоге руководство интерната хотело запретить православным волонтёрам посещать детей, и только личное ручательство некого знакомого руководству священника помогло исправить ситуацию. Сектанты в интернат больше не приходят. Но и дети с воспитателями увидели, что православные люди могут вести себя неадекватно. Поэтому в любой ситуации верно поступит тот, кто прислушается к имеющим опыт людям.

ИСТОРИЯ ГРУППЫ ВОЛОНТЁРОВ

Спустя десятилетия церковной жизни я удивляюсь, как сумел прийти к тому, чтобы уметь отличать в церкви подлинное от ложного, верное от кривого?

Ведь не могло быть так, чтобы эта способность была присуща мне с самого начала: любой неофит находится в состоянии очарованности всей земной церковью вообще, и потому не в состоянии увидеть то, что Сергей Фудель называл тёмным двойником церкви, который всегда так велик, но неофиту совершенно незаметен. Такому неофиту всё кажется настоящим, и любое суждение любого священника или свечницы он воспринимает как откровение Иоанна Богослова или Златоуста, не иначе. Вспоминаю, как моим первым священником, в храм которого я ходил первые полгода, был о. Ростислав, типичный менеджер от религии, человек отчётов и показателей, хорошо вписавшийся бы в советскую номенклатуру, и был он всего на полгода старше меня. А я, поэт и писатель, слушал его со всем возможным вниманием, восторгался его словами и считал каждую его проповедь, от которой теперь меня бы стошнило, венцом христианской мудрости.

Как же случилось, что теперь я научился распознавать добро и зло и не где-нибудь, а в церковной среде – а ведь это – самая трудная из задач, за которую почти никто из верующих даже и не берётся?

Можно сказать, что образ церкви, какой она представлялась в моём сознании, всегда был положительным. Тогда, до эпохи интернета, мы и знать не могли о всевозможных скандалах в медийном пространстве, связанных с церковью. Церковь для меня была Детской Библией – красочным изданием с цветными картинками, которое дали мне почитать знакомые баптисты, и я влюбился в то, как там изображен Христос. Ещё до начала воцерковления я восхитился Богом, а вот когда пришел в церковь, то образ Бога был заслонён от меня всем строем приходской жизни, и я, спустя пару лет, весьма удивился, узнав, что Христос и есть главное сокровище церкви, ведь верующие о Нём не говорили. Они, верующие обсуждали свои маленькие проблемы, решали вопросы прихода, но Богу тут не удивлялись, Он был не значим. Впрочем, я тогда не замечал того, что Бог мало кому нужен даже и среди верующих, потому что рядом со мной была моя мама, которой как раз очень был нужен Бог.

Как-то моя мама пришла в храм Рождества Христова, открытый в 2000-м году, и встретила там хорошо образованного священника о. Митрофана (тогда иеромонаха, спустя годы – епископа). Мама зашла туда помолиться о каких-то делах, касающихся её работы, и услышала, как некая женщина спросила о. Митрофана о различии между католиками и православными. Мама слушала его ответ и удивлялась, как глубоко этот священник может раскрыть тему. И тогда она попросила Бога, чтобы у меня был такой же умный и духовный наставник. А спустя полгода я и вправду перешел в храм Рождества, потому что там работал сторожем знакомый студент-товарищ, да и вообще студенты из университетов моего города приходили к о. Митрофану, ведь с ним, в отличие от других городских священников, молодым людям было действительно интересно.

Там, в этом храме я встретил ещё нескольких женщин, горевших Богом: Ларису Ш., Ангелину С. Их оказалось всего несколько, но сияние, ими распространяемое, было столь сильно, что мне казалось – их тут целый храм, ревностных и горящих (что было, конечно, не так, но я не мог и заметить других: унылых и серых людей, потому что рядом со мной были примеры истины).

Таким примером истины всегда была моя мама. Можно сказать, что первые несколько лет в церкви я провёл даже и не зная, не видя её тёмного двойника, обращая внимание только на её высоту. Это христианство высоты существовало и существует всегда, но оно, подчас, слишком глубоко скрыто в глубинах исторической церкви.

И ещё, конечно, тем, что помогло мне в различении церковного добра и зла, была поэзия. Я писал с 16 лет и задолго до церкви мои стихи многие люди принимали как средство исцеления души, но в те первые годы в храмах никто не поддерживал меня в поэтическом труде, никто даже и не знал его ценности, да и сам я тогда незрело решил, что достаточно быть верующим, а продолжать оставаться поэтом – излишество. Около года я ничего не писал, а когда стал писать – то стихи оказались банальными, потому что в них шла речь о Боге, а я ещё не был проникнут Им, чтобы говорить о Нём неповторимым образом.

Невозможно достоверно воссоздать весь путь человека к пониманию истины, да и не нужно. Скажу только, что первоначальное впечатление меня не обмануло: церковь несла в себе самых лучших людей Земли, а Христос был краем и пределом высочайшей человеческой мечты.

Кто-то из служителей церкви когда-то сказал мне, что самое надёжное — это когда люди сами хотят быть полезными. Поэтому первые волонтёры, с которыми я познакомился, были из моего прихода, но себя волонтёрами не называли, посещая некоторые интернаты и больницы стихийно, по зову души.

По прошествии лет к группе волонтёров присоединялись люди других приходов Донецкой епархии, которых так же интересовала волонтёрская деятельность.

Первым местом, которое мы начали посещать, был психоневрологический интернат.

В интернате, который находится на западной окраине Донецка, где содержатся психически больные люди от 18 лет и до смерти, волонтёры стали устраивать ежевоскресные посещения. Для больных читались молитвы, с ними велась индивидуальная работа, им покупались угощения и подарки. Позднее, спустя несколько лет, члены группы смогли добиться того, чтобы руководство интерната выделило комнату для регулярных собраний, которую назвали молитвенной комнатой, и священник освятил её. Несколько раз в году в этой молитвенной комнате священники исповедуют и причащают множество больных (от 50 до 100 человек). Каждый раз, когда мы приезжали в интернат (священники с нами никогда не ездили), мы читали для собравшихся интернатовцев молитвы, поили их святой водой, мазали освящённым маслом, и, конечно же, раздавали им угощения и любили их. Эта деятельность привлекла внимание руководства интерната, которое (персонал и врачи) отметило ряд положительных сдвигов в ходе болезни несчастных. Так, например, практически прекратились драки между подопечными, снизился уровень агрессии их друг ко другу. Подопечным стало интереснее жить в интернате, снизилось годовое число самоубийств. Врачи отмечали также снижение числа депрессивных, галлюциногенных и так называемых «острых» состояний.

Подопечные интерната (470 человек на 2012 год) стали воспринимать себя верующими. Некоторые из них начали молиться. Во многих комнатах появились иконы. Часть больных стала носить нательные кресты. Конечно, кресты, иконы, угощения и подарки для подопечных волонтеры приобретают сами. В молельной комнате есть даже маленький литой колокол, который мы заказали у кузнеца, и его звоном оповещали больных о начале молебна. Все они любили этот звон.

Время от времени члены группы нанимают автобус и везут интернатовцев по святым местам. Так, например, больные посетили Свято-Успенский Николо-Васильевский монастырь и Свято-Успенскую Святогорскую Лавру Донецкой епархии.

Хорошо помню свою первую поездку в интернат с Ангелиной и ещё несколькими людьми. Ангелина – удивительная женщина, перенёсшая очень много обид и несправедливостей со стороны своего бывшего мужа и сослуживцев-врачей. Мне всегда казалось, что для того, чтобы достойно описать её душевную красоту, недостаточно слов в человеческих языках, а нужны ещё и языки ангельские. Глубочайшее благородство, царственное величие, как у эльфийских князей из сказок Толкиена, сочетающееся с простотой в обращении и постоянным желанием помочь. Помню, однажды, в храме мне стало очень грустно, и я ушел печалиться в сторожку. Ангелина пошла за мной, и на мой вопрос: «Как вы меня тут нашли?» она улыбнулась и ответила: «По нюху». У неё, действительно, был нюх и дар распознавать страдания и спешить на помощь. К ней приходили нищие и несчастные, и никто никогда не отошел от неё не утешенным. Ей, например, ничего не стоило потратить половину своей зарплаты на подарок какому-нибудь человеку, если ей казалось, что это может ему помочь. Я никогда не видел, чтобы она жалела о потраченном, хотя многие в храме, даже её собственная мать, считали, что она безумствует, так помогая незнакомым людям. Моей зарплаты сторожа хватило бы на пару поездок в такси да ещё чашку кофе, и Ангелина, зная, что я нуждаюсь, постоянно приносила мне что-нибудь вкусное, а если я заболевал, то везла и лекарства. В присутствии Ангелины и таких как она людей я ощущал себя в храме, говоря словами Иоанна Лествичника, как в стае ретивых коней, где каждый друг друга подгоняет. Поэтому приход в храм совпал для меня с реализацией той мысли, что христианин обязан быть подвижником, и подвиг – естественен для него. Только через несколько лет я с удивлением узнал, что среди христиан возможно теплохладное обывательство в вере…

В тот первый раз, когда мы приехали в интернат, всё шло не так как мы задумали. Дело в том, что человеку трудно настроить себя на то, что он там увидит. Поэтому для некоторых из приехавших эта поездка стала первой и последней. Одна девушка испугалась больных и их проявление любвеобильности восприняла как оскорбление. Некий юноша, прибывший с нами, так смутился, увидев психически больных людей, что даже изменился в лице и больные спросили его: «Ты что, тоже больной?».

Мне тогда тоже показалось, что больше я не приеду в интернат, настолько это место произвело на меня удручающее впечатление. При этом больные были приветливы и рады нашему визиту. Тогда в интернате ещё не было молитвенной комнаты (мы построим её позднее) и молебны мы совершали прямо в коридоре.

Помню, после этого посещения, между волонтёрами начался спор: приносить ли подопечным угощение или нет? Одни говорили, что угощением мы выражаем доброе отношение, а другие, что мы этим подкупаем больных, и они идут к нам не ради молитвы, но ради конфет. Замечу, что такое, действительно, бывает. Один мой студент волонтёрствует в тюрьме, где кроме православных действуют миссионеры ещё двадцати конфессий и сект. И он замечает, что заключённые охотно ходят на собрания сект с совершенно разным учением, только чтобы их получше покормили.

Но всё же большинство решило подопечных в интернате кормить, хотя бы просто потому, что любой человек хочет чего-то вкусного, а в интернате вкусное бывает редко.

Позднее я заметил, что интернатовцы всегда радуются угощению, но охотнее принимают его только от тех, кто вместе с конфетами и печением дарит им своё тепло.

Конечно, людей на такие поездки в первое время не хватало. Во второй раз я решился приехать туда с Ларисой, и лишь потому, что она сказала, что ей необходима помощь, так как сам я ехать не хотел, считая, что это не моё, но и отказать ей я не мог. Между тем первым разом и вторым, когда поездки станут регулярными, прошло не менее полугода. Очевидно, я должен был научиться чему-то, прежде чем решиться приезжать к подобным больным.

Помню, первые пять лет я ездил туда либо с Ларисой, либо один. Дорога была дальней и очень утомительной. Приходилось проезжать весь огромный Донецк, а потом ещё несколько километров идти пешком. Однажды я спросил некую женщину-волонтёра, почему интернат находится так далеко за городом? И она ответила, что это ещё не очень далеко, рассказав, что ей приходилось ездить в другой такой же интернат, который находился в семи километрах от села, где вообще почти не бывает проходящих автобусов, потому нужно было идти пешком. Тогда я понял, что город, цивилизация, не желает видеть своих больных. Их как бы нет, потому что с точки зрения общества, ориентированного на успех, они неуспешные неудачники. О них лучше не думать, а сосредоточиться на развлечениях, удовольствиях и работе. Общество выносит такие интернаты и больницы за городскую черту, чтобы не смущаться и не думать о том, что все земные удовольствия имеют свой неизбежный конец, чтобы не помнить о смерти. И всё же всё плохое на земле временно, а хорошее, являясь отблеском рая, встретит нас и в Царствии Небесном.

Патриарх Алексий II говорил, что взгляд извне не заметит в церкви её сокровенную благодатную жизнь, которой не могут помешать внешние нестроения и ужасный, большой «тёмный двойник», который видят все, смотрящие на церковь посторонним взглядом...

Ведь церковь – это встреча со Христом в Духе. Эта встреча совершается на глубине. А на поверхности могут быть всякие ложности и уродства, но не они являют церковь, как она есть на самом деле, как Царство Троицы, соединяющее перед Ним всю Вселенную.

Точно так же увечья и умственная отсталость этих людей не делали их ущербными в смысле человечности. Подопечные имеют детскую, добрую душу, и Господь всегда близко с ними.

Помню случай, когда один интернатовец, по имени Олег, рассказывал, как ему однажды приснился Христос, который поцеловал его в голову и сказал: «Я тебя люблю». Это воспоминание Олег пронёс через всю жизнь, как знак того, что он тоже не оставлен и нужен.

А какие удивительные комплименты этот Олег говорит девушкам волонтёрам! «Моё сокровище!», «Мой бриллиант!». Услышав такие слова в свой адрес, девушки замечали мне, что ничего подобного им и от здоровых людей, их парней, никогда не приходилось слышать.

Иоанн Шаховской говорил, как возле кровати одного из больных людей он увидел табличку: «Меня тоже любит Бог». Подобное ощущение испытывали и мы, общаясь с такими больными.

Каждый раз после посещения интерната Господь явно давал волонтёрам радость. В буквальном смысле никто не ушел оттуда без радости. А как радовались больные нашему приезду! За сотни метров, завидев нас на дорожке, они бежали с криками «Едут! Едут!», обнимали нас, брали за руки и всем видом выражали счастье. Думаю, ни одного президента или министра за всю историю мира не принимали так восторженно и искренне, как умеют это делать психически больные люди.

И все же первые пять лет я не имел спутника в своих посещениях интерната, или почти не имел, так как у Ларисы и Ангелины редко получалось ездить, а посещать подопечных нужно было каждую неделю.

Но при всей тяжести этого труда каждая поездка оказывалась внутренним праздником, хотя и, конечно, трудной работой, за которую приходилось расплачиваться. Так, каждый раз я со страхом возвращался из интерната домой, потому что там меня ждали только обвинения «везде ходишь, а надо дома всё делать». Каждое такое обвинение заканчивалось тем, что меня наказывали новой порцией тяжелой домашней работы на какой-нибудь стройке сарая или в огороде. Дома меня ненавидели за интернат, но и отказаться от поездок, перестать помогать больным я уже не мог.

После многих страданий я понял: нужно реально благодарить Бога за боль, ибо всё, что происходит, ведёт к соединению с Ним. «Бог есть любовь, а любовь не может попустить зла любимому» – пишет об этом игумен Никон Воробьёв.

Кроме того, тяжелые работы, поручаемые мне родственниками в наказание, учили меня молитве, ведь без помощи Божией моему слабому здоровью было не вынести всех этих «обучающих» наказаний, настолько они были изматывающе-изощрённы и тяжелы и для тела и для души.

За эти первые пять лет несколько раз с нами соглашались ездить молодые люди, но все они быстро остывали, и снова оставались только мы с Ларисой, а чаще всего – я один.

Так, некий парень, наслушавшись наших рассказов об интернате, решил попробовать свои силы. С нами напросилась ехать и девушка, которая, как я потом узнал, была влюблена в того парня. Он ездил всего один раз, а девушка ещё несколько месяцев посещала со мной интернат, в надежде на то, что её возлюбленный тоже туда приедет с нами. Когда же стало ясно, что её надежды не обоснованы, она тотчас прекратила поездки. Но вот интересно, каждый раз она шла со мной в интернат унылая и печальная, всю дорогу рассказывая о том парне, а обратно всегда возвращалась радостная и весёлая, настолько Господь разгонял благодатью тучи её души. Она могла уже обратную дорогу говорить не только о парне, но и на разные темы… Замечу, что парень этот вскоре женился на другой, да и эта печальная девушка через несколько лет тоже нашла себе мужа.

В те первые годы случилось так, что влюбился и я. Расскажу об этом, потому, что это связано с интернатом. С той девушкой я познакомился в своем храме. Она мне сразу понравилась, но несколько месяцев я не решался к ней подойти. А потом мне показалось, что она тоже симпатизирует мне, и я пригласил её в интернат. Друзья мне потом говорили, что девушек нужно приглашать в кафе, но полунищий церковный сторож не мог себе этого позволить, (в кафе я впервые смогу попасть уже после 30-ти прожитых лет) да и мечтал я о такой девушке, которая бы захотела со мною служить больным. Словом, я предложил ей ехать, и она неожиданно согласилась. Тогда я подумал, что и я тоже ей нравлюсь. Влюблённость ведь не даёт нам увидеть вещи правильно. Мы совершили с ней всего одну поездку. Когда шли к остановке (а это было после воскресной литургии) нам повстречался молодой человек с клироса. Девушка предложила ему поехать снами. С тех пор я понял, что, если девушка зовёт в ваше с ней общество ещё кого-то – значит, это не ваша девушка. Парень, сначала согласился, но узнав, что мы едем в интернат, ужаснулся, и пробормотав: «Это же на краю географии», спешно удалился. Я был рад что он ушел, но радость эта быстро обернулась разочарованием. Ведь когда через несколько дней, я предложил провести её домой она ответила, что не хочет обманывать ни себя, ни меня и у неё уже есть молодой человек. С тех пор я не звонил ей, но очень и очень страдал и даже заболел ангиной на нервной почве.

Вот только я всё же очень хотел, чтобы она ответила мне взаимностью и повенчалась со мной. Но в то же время моё сердце не могло спокойно принять такое решение, потому что я хотел бы вместе с девушкой служить Богу, а она явно желала обычную семью «как у всех». Но поскольку она мне очень нравилась, я молился чтобы быть с ней вместе, а потом написал письмо старцу Кириллу Павлову в Троице-Сергиевскую Лавру, чтобы старец помолился, и его молитвами я с этой девушкой сочетался браком. После того, как письмо попало к старцу, девушка неожиданно объявила мне, что любит другого человека и не хочет иметь со мной ничего общего. Я страшно горевал, но по прошествии времени понял, что Бог исполнил молитву не так, как я просил, но так, как я хотел на самом деле. Так как было настроено и к чему стремилось моё сердце. Ведь она совершенно не подходила мне.

Конечно, эта рана затянулась далеко не сразу. Несколько месяцев я жил как в темноте и ничто не могло развеселить меня. Все мои мысли были только о ней и о возможном счастье с ней, казавшейся мне тогда единственной. Того, что Бог уже помог мне этим её отказом, я не замечал. Понимание этого всегда приходит позднее. Думаю, теперь и она и я говорим: «Слава Богу, что у нас ничего не вышло». Настолько мы разные люди в том, что касается миропонимания и устремлений.

Спустя время я понял, что человек сам цепляется за боль несчастной влюблённости, потому что ему кажется, что его боль является неким продолжением отношений с любимым. Нужно осознать, что это не так, но сам по себе человек так обычно сделать не может. Ему нужен советчик. Ему нужен друг. Если вы находитесь в такой же беде, то попросите совета и утешения у тех, кто вас любит.

Мне в тот раз помогли моя дорогая мама и мой первый наставник о. Митрофан, который тогда уже стал епископом и жил не в Донецке, а в Горловке. Мама несколько месяцев утешала меня, что, впрочем, не мешало ей честно говорить, что та девушка мне совершенно не подходит.

В конечном итоге я поехал к о. Митрофану в Горловку и попал к нему на приём. Я рассказал о своей влюблённости и спросил, что мне теперь делать? И он сказал мне: «Если бы Божья воля была быть вам вместе – то её сердце бы к тебе лежало». А я, несмотря на всю боль, понимал, что у Бога для всех нас не может быть плохого и все Его решения, в конечном итоге, обернутся радостью. Тогда я спросил его: «Но ведь Бог мне поможет?». Что я имел в виду тогда? Отношения с той девушкой? Нет. Скорее всю свою жизнь целиком. И о. Митрофан ответил: «Господь конечно, конечно поможет!!!». Мне в ту минуту показалось, что эти слова могут быть посланием от Бога для всех, кто страдает или страдал.

Ездил ли я в интернат в те тяжелые для меня месяцы? Да, ездил. Хотя с тех пор я встречал две точки зрения на подобную проблему: одни говорят, что когда нам самим плохо, нужно выждать время, чтобы успокоиться и потом с новыми силами взяться за дело. Скажу, что я согласен с этим, но уверен, что есть ещё один путь, который более благороден – это когда ты помогаешь другим, невзирая на собственную боль. Я заметил, что идущих по первому пути утешают люди, а идущих по второму – утешает благодать Господня. Но выбор всегда за вами, и оба пути важны. Если же возникает вопрос: какой из них выбрать, то лучше спросить совета у вашего наставника или духовного друга.

Все эти годы я молился святой Ксении Петербургской, чтобы она послала волонтёров в помощь мне. И вот, спустя несколько лет, нас начало становиться больше…

В 2007 году ко мне обратился заведующий отделения областной психбольницы, Игорь. Он просил членов группы посещать его подопечных и готов был сразу выделить для собраний и молитв комнату. Будучи церковным человеком и опытным врачом, Игорь всячески содействовал нам. В больнице лежали психически больные, а так же алкоголики и наркоманы, чей мозг фатально пострадал в результате опасных зависимостей. Деятельность для группы была новой, но, благодаря тому, что я когда-то посещал лекции иеромонаха Анатолия Берестова о том, как оказывать помощь наркоманам и зависимым, группа смогла приступить к работе.

Я говорю «группа», но начинать мне пришлось одному. Когда я приехал сюда в первый раз, больница произвела на меня мрачное впечатление. Тяжелая и давящая духовная обстановка плитой ложилась на душу и отнимала силы. Так же тяжело, впрочем, и в других психиатрических больницах. Противостоять этой тяжести может только молитва. Всё это придёт позднее – еженедельные собрания больных, где читается молитвенное правило, святая вода и иконы в отделении. Присутствие православных святынь и регулярная молитва сделают своё дело и тяжесть уйдёт. Но тогда, в первый раз, находиться там, было почти невыносимо. Доктор показал мне комнату, где он планировал сделать молитвенный уголок. Икон ещё не было, как, впрочем, не было и вообще ничего, кроме стен. Врач подвёл ко мне первого больного, который хотел помолиться. Оказалось, что этот больной был ещё и одержим тёмным духом. Такое повреждение он получил после посещения одного из многочисленных городских экстрасенсов. Больной был вполне доброжелателен и разговорчив, но рядом с ним я ощущал идущую откуда-то из его глубин волну ненависти, которая, как я думаю, ему не принадлежала. Тогда я осознал, что враг рода человеческого вполне понимает, зачем я здесь и соответственно ко мне относится.

Этот случай, про встречу с одержимым, я почти никому из волонтёров не рассказывал, так как заметил, что все очень боятся таких больных. Но всё же, вопреки слухам, среди психически больных одержимых очень и очень мало. Мне приходилось встречаться с мнением, будто все психически больные люди одержимы. Как же это далеко от истины! Из многих сотен больных я только о двух могу сказать, что они действительно страдают от врага рода человеческого. Этот мой первый встречный и ещё одна старушка в психоневрологическом интернате. Когда мы раздаём всем больным угощение, она старательно его ломает и выбрасывает, а потом говорит, что ничего от нас не взяла. Но Господь знает и её, несчастную…

Мы решили посещать эту больницу каждую субботу кроме Великой Субботы и Субботы Акафиста, что и исполнялось волонтерами на протяжении одиннадцати лет. Для больных читался канон Богородице, им давали святую воду, с ними говорили на духовные темы, устраивались чаепития с угощением, где они, ощущая себя непринуждённо, легче шли на контакт с волонтёрами.

Само чаепитие в больнице придумала моя мама. Она стала ездить вместе со мной и заметила, что одних только духовных занятий с больными никак не хватает, нужно ещё и что-то тёплое и понятное далёким от церкви людям, что-то связанное со сферой души. Тогда она и предложила эти самые чаепития. После молитвы и проповеди мы садились со всеми пришедшими, пили чай и разговаривали на разные темы. Больные рассказывали о себе, делились историями из жизни и слушали нас, а мы всегда слушали их.

В то время я увидел, что среди волонтёров обязательно должна быть девушка или женщина. Это помогает больным ощутить заботу и домашний уют а, кроме того, девушка архитипически воспринимается как добрый и близкий друг-утешитель.

Поэтому я всегда радовался, если с нами ездили девушки. Да и сам я тоже хотел найти себе среди них жену.

Больные часто рассказывали о своих бедах, просили совета. Своей основной задачей в больнице волонтёры видели утешить больных и привести их к необходимости исповеди и причастия. Изредка больницу посещал священник, и это удавалось осуществить.

Однако волонтёры видели, что для многих алко- и наркозависимых людей, услышать о православии, таинствах и вере возможно только находясь на лечении. Поэтому необходимо было устроить для них регулярное причастие и исповедь в стенах самой больницы. Тогда мы решились на авантюру – не имея никаких средств и возможностей построить там храм. В епархиальном управлении нами была зарегистрирована община во имя иконы Богородицы «Неупиваемая Чаша». Хотя волонтёры и заведующий отделением врач не имели спонсоров для такой постройки, мы верили в помощь Богородицы, и Она помогла. Настоящим чудом было то, как неожиданно многие люди стали жертвовать деньги на храм. Можно сказать, что это храм, появившийся благодаря молитве. В настоящее время храм построен, в нём установлен писанный иконостас, проведены все внутренние работы. Настоятелем храма был назначен о. Сергий, который несколько раз в месяц проводил молебны, хотя волонтёры ездили туда постоянно, а священник – изредка. Но всё же два раза в месяц он приезжал и совершал литургию.

Помню свой первый разговор с врачом о необходимости храма. Я представлял, как это сложно, но верил в Божью помощь. А врач, человек практичный и умный, говорил, что на постройку нужны миллионы рублей, которых, конечно же, у нас нет. Но всё же мы решили строить и распределили свои силы так: я должен был молиться об успешности строительства, а врач искать деньги на стройку и заведовать хозяйственной частью. За время строительства я обращался к нескольким старцам и просил их о молитве. Так, последним благословением, которое мне дал известный Донбасский старец Гавриил Стародуб, было именно благословение строящегося храма и нашей группы волонтёров. Случилось это, кажется, в январе 2010 года. А через несколько недель старца не стало.

Существенную часть работ по строительству выполнили сами больные. Среди алкоголиков обычно есть хорошие мастера-строители, которые желают послужить Богу своим ремеслом. Это существенно сократило расходы. Храм строился не слишком долго – чуть больше года. И всё это время у нас так и не было (как и сейчас нет) ни одного богатого спонсора. Но люди, узнав о нашей затее, говорили, что хотят нам помочь. Кто давал совсем немного, а кто – сумму, равнявшуюся нескольким средним зарплатам, но дело шло без остановки. Так мы увидели, что если ищешь денег не для себя, то Бог обязательно всё подаст. Это было удивительно – мы оставались почти нищими (на мою школьную зарплату учителя христианской этики, которым я тогда работал, можно было питаться семье всего неделю), но люди постоянно жертвовали на храм, и этих денег хватило для окончания строительства.

Конечно, строительство не давалось нам даром. Ведь теперь в течение нескольких лет каждую субботу половину дня я проводил в больнице, а потом шел на вечернюю службу, так как посещение больницы приходилось на субботу. По возвращении домой, мне приходилось выслушивать от родственников, что я должен работать на своём огороде, вместо того, чтобы служить каким-то алкоголикам и психически больным. А мне, наоборот, всегда хотелось работать на чужих огородах, потому, что Бог дал нам жизнь не затем, чтобы мы заботились о себе.

Конечно, враг рода человеческого крайне восставал на нас. Помню, когда мы получили документы на храм, родственник меня побил, сломал нос и выгнал жить к друзьям. Спустя время, правда, мне разрешили вернуться, но ненависть ко мне сохранилась у него навсегда.

Когда же строительство завершилось, врача сильно обидели на работе, а меня снова выгнали из дома, и на этот раз я провёл у друзей целый год. Но я благодарен Богу, который учил меня не привязываться душой к земным ценностям, ведь страннику, действительно, ничего не остаётся, как или тосковать о том, чего у него нет, или всей душой желать и искать неба, которое совсем рядом именно когда ты страдаешь. А ещё это помогло мне увидеть, как много у меня замечательных близких, которые охотно пустят к себе жить и будут помогать во всём. Каждый из них живёт в моём сердце, а это драгоценнее, чем иметь собственный дом.

Перенеся многие несправедливые обиды, я твёрдо решил, что никогда и ни при каких обстоятельствах я никого не обижу и ни от кого не буду себя защищать.

Мама однажды удивилась, как я смог в многолетней атмосфере ужасающего гнёта писать всё, что пишу, и делать то, что делаю. Но, я заметил, что страдание – это встреча со Христом, а Он даёт человеку силы на многое.

Вглядитесь в историю, и вы увидите, что никого из служителей Божьих страдание не заставило повернуть обратно.

Не все, однако, удары, сыплются со стороны неверующих родственников. Не менее болезненны и те, которые направляют люди, которых святой Иоанн Сан-Францисский называл «внешние христиане», или те православные, которые не живут Христом и вместо лучей благодатной жизни вокруг себя разливают только холод. С их стороны приходилось встречать насмешки, зависть и разнообразные препятствия в делах милосердия. К сожалению, среди внешних христиан встречаются и священники. Но не они составляют истинную церковь.

Церковь – это Царство Небесное явленное на земле, хотя верующие медленно становятся его жителями.

Не реже чем с неприязнью волонтёру приходится сталкиваться с безразличием. Далеко не каждый верующий желает радовать других и потому волонтёр, на первых порах, часто бывает одинок в своём начинании. Я тоже много лет искал себе спутников. Старец как-то сказал мне, что постепенно волонтёрское движение, которым я занимаюсь, будет расширяться. Но, только спустя сколько-то лет появились люди, которые сочли эту деятельность важной и для себя. Этого начального периода, когда вы одиноки, не нужно бояться. Святой Николай Японский 8 лет ждал первых учеников, а святой Алексей Мечев столько же дожидался прихожан, хотя и служил литургию каждый день. По этому поводу, мне вспоминаются вот какие строки из сказки Джона Толкиена «Властелин колец»:

— Мы словно в легенде очутились, мистер Фродо. В одной из тех, что берут за душу. В них столько страхов

и опасностей; порой даже не хочется узнавать конец, потому что не верится, что все кончится хорошо. Как может все снова стать хорошо, когда все так плохо? Но в конце все проходит. И даже самый непроглядный мрак рассеивается. Грядет новый день, и когда засветит солнце, оно будет светить еще ярче! Такие великие легенды врезаются в сердце и запоминаются на всю жизнь, даже если ты слышал их ребенком, и не понимаешь, почему они врезались. Но мне кажется, мистер Фродо, я понимаю. Понял теперь. Герои этих легенд сто раз могли отступить, но не отступали. Они боролись, потому что им было на что опереться...

— На что мы опираемся, Сэм?

— На то, что в мире есть добро, мистер Фродо. И за него стоит бороться.

И ещё одно, важное. Если бы я не вытерпел всё то, что вытерпел и перенёс, то мои слова о том, что мир хороший и добрый, не многого бы стоили. Зато теперь я могу сказать, что мир пронизан Богом, исполнен истины и светел, и этот свет не может разрушить никакая тьма. Всякое перенесённое страдание только удостоверяет меня на опыте, что это так.

Апостолы встретили Христа как Господа на горе Преображения. Но для каждого из нас наши страдания – это гора Преображения, с которой видно Господа всё лучше и лучше.

Впрочем, продолжим рассказ.

Несколько раз в год для всего больничного отделения (80 больных и около 15-ти персонала) нами устраивается праздничная трапеза. После Рождества, после Пасхи и на престольный день храма. В эти дни волонтёры совместно с родителями и родственниками больных создают для всех большое угощение. Вообще очень важно (хотя и не всегда удаётся) в таких больницах привлекать к помощи родителей этих больных. Как и везде вы найдёте среди них не много сторонников помогать вам, но те, кто согласятся, смогут сделать немало добра.

Волонтёры ведут работу и среди родственников больных: поддерживают их, помогают осмыслить происшедшее с их заболевшими родными, а если возможно, помогают им на пути к церковной жизни. Хотя, конечно, это далеко не всегда удаётся, но всё же с некоторыми из родителей у нас установились товарищеские связи и они звонят нам, когда желают выслушать слова утешения.

Усилиями заведующего отделением врача и волонтёров была собрана библиотека книг и журналов для больных. Нуждающимся раздаются нательные кресты и молитвословы. Всё это, конечно, покупается на деньги самих волонтёров и того же врача.

В 2008 году я познакомился со старцем-схиархимандритом Гавриилом (Стародубом), который благословил деятельность группы в том виде, в котором она существовала и существует сейчас. Он же дал ряд ценных советов, используя которые волонтеры смогли более глубоко осмыслить свою деятельность.

Так, он открыл нам, что, если мы хотим утешить человека, то его нужно обязательно полюбить. Потому, что только настоящая любовь утешает. И второе, – сделать для другого всё, чтобы только он не страдал.

Каждый волонтер старался помочь в развитии методов работы группы, принося что-то своё. Участница волонтерского движения Ксения посетила в России епископа Орехово-Зуевского Пантелеймона Шатова (на тот момент ещё протоиерея Аркадия Шатова) и рассказала ему о деятельности группы. Он так же дал несколько советов помогавшим нам в нашей деятельности.

Епископ Пантелеймон говорил, что мы трудимся не для того, чтобы всех накормить и одеть, а ради умножения любви. А источник любви – это участие волонтёров в литургии.

Волонтёры работают и в Макеевской Колонии строгого режима, с целью оказания духовной поддержки персоналу колонии и заключённым. Совместно с молодёжкой храма Воскресения Христова в колонии было дано представление, где ставилась написанная мной пьеса о смысле страданий «Сказка жизни». Заключённые на удивление тепло восприняли пьесу и просили нас приезжать ещё. Несколько клирошан, среди которых так же были волонтеры, в таких поездках исполняли духовные песнопения для заключённых.

Группа волонтёров занимается опекой нескольких инвалидов и стариков, регулярно посещая их, оказывая им духовную и материальную помощь.

С течением лет число участников группы возросло. Некоторые участники волонтёрского движения состоя в группе не могут заниматься делами милосердия, потому что воспитывают собственных маленьких детей. Тех, кто ездит по больницам, не слишком много. Волонтёры приходят и уходят из этого дела, но почти со всеми у меня остаются самые добрые отношения.

Участие в делах милосердия помогает и самим членам группы. У аввы Дорофея есть слова: «Больной больше благотворит нам, чем мы благотворим больному». Участники группы могут подтвердить справедливость этих слов. Волонтёрское движение помогает нам жить наполненной жизнью, потому что всем нам дороги слова Спасителя о том, что ученики Его должны умывать ноги другим. То есть служить другому, ради того, чтобы на земле умножалась любовь, чтобы нашим подопечным стало светлее жить.

Волонтеры считают своим долгом помогать тем, кто обратился к ним за помощью. По этой причине группа не стремится оказать помощь множеству объектов опеки, но к наиболее качественному оказанию помощи там, где работа уже ведётся. Однако, с увеличением числа участников получалось вести работу и в некоторых других объектах.

Благодаря тому, что один человек был взят на постоянную работу в храм, он открыт со вторника по воскресение включительно, и работает с утра до вечера. Храм имеет две двери – в само отделение и на общую территорию больницы. Обе двери открыты и в храм заходят разные люди, в том числе и родители больных.

С 2012 года мы стали практиковать новый вид работы с больными – поездки по святым местам. Для этого на средства волонтёров в городе нанимается большой автобус и часть отделения, а так же некоторых людей из других отделений мы везём в монастыри. Так у нас состоялась поездка в Святогорскую лавру. Конечно, наибольшее впечатление поездка вызвала у психически больных, но, быть может и кто-то из наркоманов и алкоголиков о чём-то тоже задумался.

А потом и другие отделения больницы так же стали обращаться к волонтёрам, чтобы на территории этих отделений велась работа с больными. Волонтёры стараются проводить такую работу в отделении неврозов и геронтологическом отделении. В геронтологическом лежат больные старики и там волонтёров всегда тепло встречают, а волонтёры готовят людей к причастию и конечно же, прежде всего, поддерживают их.

Старики вообще всегда тепло встречают приходящих, ведь им очень не хватает внимания. Там я познакомился с одной девяностолетней женщиной, которая рассказала о себе, что она – кандидат наук. Старческое слабоумие нарушило деятельность её мозга, она запиналась и заплеталась, но много раз подряд повторяла: «я – кандидат наук». И я подумал тогда, сколь мало значат все чины и отличия, которые имеют на Земле люди. Совсем мало, и не только перед лицом смерти и встречи с Богом, но и в истории. Какие звания были у пророка Даниила? Какое положение занимал святой Николай Кавасила? Не всегда даже в самых подробных справочниках мы найдём нужные ответы. В конце концов, дело не в званиях и не в чинах. Земная жизнь проходит быстро, а для рая и для истории значим нищий Лазарь, у богача же из евангельской притчи нет даже имени, и никто теперь не знает, какое положение в тогдашнем обществе он занимал. В раю сохраняется настоящесть, в истории – подвиг, а громкие имена богачей и политиков исчезают из памяти народов часто быстрее, чем все эти богатеи и вожди умирают. Сейчас уже только одна смерть может похвалиться тем, что знала имена богачей Древнего Египта.

Вообще, целью миссии, конечно же, является не то, чтобы накормить всех голодных, хотя и этим занимаются волонтёры. Целью миссии является умножение любви.

Ведь самая большая радость любого человека – быть любимым по-настоящему. Именно эту радость и стараются волонтёры подарить больным.

Как-то одна девушка-волонтёр спросила меня: «Чтобы радовать других, нужно ли иметь радость в себе? Или это не обязательно?». Я ответил ей: «Не обязательно. Желательно но не обязательно. Мне часто приходилось радовать других в состоянии собственной тяжелейшей боли». Тогда она спросила: «И те люди, кого вы радовали, испытывали радость?». Я сказал: «Да. Конечно. Я ведь очень старался. Если всю жизнь отдаёшь другому, он будет рад в независимости от того, хорошо тебе или нет».

Группа волонтёров считает своим небесным покровителем святителя Иоанна Сан-Францисского, который, будучи нашим современником, очень много времени уделял помощи несчастным и больным, посещая интернаты и больницы. Помню, как-то вечером я сидел в пустом храме. Свечница спустилась на нижний этаж, а я остался за свечным ящиком, где мог спокойно писать свою книгу. В полумраке мерцали свечи, всё вокруг полнилось тишиной. И, внезапно, я понял, что покровителем у нас должен быть Иоанн Сан-Францисский, которого так люблю я и мой старец Гавриил Стародуб.

Как-то я спросил одного священника, стоит ли оформлять группу волонтёров официально, чтобы нам присвоили звание и статус. Священник ответил, что, к нашей работе это ничего не прибавит, а только придётся писать разнообразные отчёты, чего нам конечно же не хотелось. Поэтому мы существуем без официальных названий, да они нам и ни к чему. Мы – христиане и этого достаточно. У каждого желающего в церкви есть своё служение, и я благодарен Богу, что Он дал мне именно такое. Я ведь всегда верил, что самый короткий путь к радости – это дарить радость тем, кому её не хватает.

МОЛИТВА И ТАИНСТВА КАК ОСНОВАНИЕ СЛУЖЕНИЯ

Как-то одна девушка посещающая детский интернат спросила меня: «В интернате у меня уходит много нервов. Всё надо учесть. Всех вызвонить. Всё купить. Много работы за пределами урока. Дети, конечно, трудные, неуверенные. Говорят и просят о помощи вместе. После таких походов (к ним) я не встаю с кровати».

Я отвечал ей: «У меня тоже так бывало. После каждого посещения психбольницы я лежал целый день и не мог встать. Просто не было сил. Так происходит потому, что приходя в интернат или в больницу, вы появляетесь там, где безнаказанно привык действовать враг рода людского, а он не уходит без боя с вами. Ситуация может исправиться только вашим частым причащением».

Ещё одна девушка спросила: «Как волонтёру избежать так называемого профессионального выгорания? Как не сломаться, ежедневно сталкиваясь с человеческим горем и бедой? Каждый ли человек может быть волонтёром? Что приветствуется в этой области (медобразование, вера, полезные профессиональные навыки, или просто человечность и чуткость)?».

Ответ на этот вопрос, как мне представляется, лежит в области церковных таинств. Много раз я ездил на встречу с людьми, чувствуя при этом усталость. Бывало так, что даже хотелось отменить какую-то встречу, чтобы только отдохнуть и поспать. Но каждый раз находился друг, который желал ехать со мной именно в тот самый день, когда сил вовсе не было. И Господь давал силы в ходе самого дела.

Вопрос о выгорании часто задаётся людьми. Какой тут можно дать совет? Прибегать к помощи Божией в таинствах. Перед волонтерскими поездками по возможности присутствовать на литургии и причащаться. Это необыкновенно укрепит вас в дороге, хотя внешне вы, быть может, и не заметите поначалу перемены.

Помню, как один мой товарищ на своей первой пасхальной службе ожидал радости, но так ничего и не почувствовал. Он даже обиделся на Бога, и только потом понял, что радость всё же была, но тихая, и он её даже не заметил. Тот, кто часто причащается, начинает видеть мир пронизанным Господним светом. Это меняет и восприятие мира, и отношение волонтёра к людям.

И ещё что может нам помочь против выгорания – это спрашивать совета. Епископ Пантелеймон Шатов приводит пример, что не стоит в малое пламя разгорающегося костра класть толстые дрова – так как это потушит огонь. То же самое и с душой. Чтобы определить свою меру, стоит спросить совета у того, кто знает ваши силы и вас самих. Важно найти доброго и мудрого наставника, который даст вам правильный совет.

Знаю одну добрую и светлую девушку, которая уже много лет мечтает посещать со мной больницы, но не может этого сделать, так как подобное действие разгневает её злобного мужа и может разрушить семью. Поэтому священник советует ей ждать, пока муж смягчится. Так продолжается уже много лет. Но ведь Господь и намерение целует, и добрый порыв этой девушки может быть принят Богом, как совершённый труд.

Некоторое охлаждение в деле существует не только в волонтёрстве, но и в любой деятельности, в том числе и в духовной жизни.

Так, в обретении веры, в начале следует период призывающей благодати, когда всё получается легко и человеку хочется духовного труда, а потом наступает период нечувствия. Зачем Бог после призывающей благодати попускает этот период охлаждения? Потому что в начале человека поддерживает благодать, но он ещё не ступил на путь преображения, которое возможно только по мере труда над собой, когда из ветхого человека рождается новый, а рождение невозможно без боли.

Трудно, очень трудно понуждать себя на борьбу с собственной ложностью, на молитву и церковную жизнь, когда не хочется этого делать. Но именно этот труд и готовит в сердце место для благодати, которая однажды вернётся и по праву займёт место ей приготовленное. А потом, по мере труда, благодать будет расти а человек светлеть, вплоть до того что станет живым сосудом света.

У обывателей в вере так не бывает, ибо они теплохладны. Поэтому, если вы, пройдя начальный период призывающей благодати, чувствуете, что стали далеки от Бога, и тоскуете о Нём, это значит, что вера для вас – дело серьёзное и вам действительно нужен Бог. Иначе бы вы не огорчились этой потерей. Бог допустил такое испытание ради вашей совместной жизни с Ним.

Подобное происходит и в волонтёрском движении. Периоды некоторого охлаждения неизбежны для человека, живущего на Земле. Бывает, нужно себя понудить, а бывает, и сменить на время занятие или отдохнуть. Так, если вы устали, то вместо поездки в больницу можете сходить к больной бабушке, а можете и некоторое время совсем никуда не ходить, чтобы восстановить силы.

Мне в таких ситуациях часто помогали друзья, которые хотели ехать в больницу именно в те дни, когда у меня совсем не было сил на любые поездки, но их энтузиазм и желание провести поездку именно со мной укрепляли, по крайней мере, на время, пока делалось дело.

Мне дорог рассказ митрополита Антония Сурожского, который однажды признался, что у него бывает, что кто-то в очередной раз подходит к нему с той же самой проблемой и болью, а внутренней силы утешать его больше нет. Тогда Антоний внутренне обращался ко Христу с просьбой дать силу помочь пришедшему человеку, ради надежды несчастного на возможность помощи. И силы приходили.

Этот честный рассказ всегда был для меня вдохновением. Ведь и вправду, отсутствие сил или усталость нормальны, но человек не полностью обусловлен ими. Искренняя молитва всегда поможет, прибавит силы, надо только честно сказать Богу, что ты думаешь и чувствуешь, что сил нет, и тогда, возможно, они появятся.

Мне вспоминается по этому поводу история о знакомом, который влюбился.

Этот человек желал жить в чистоте, но как-то познакомился с девушкой, которая ему понравилась. Он очень хотел встречаться с ней, и девушка, как ему казалось, была не против. Но при этом он понимал, что идёт против своего естества и предназначения, когда пытается завести с ней отношения. Однажды он отправился к ней в гости. Он знал, что придя к ней, обнимет её, и был уверен, что девушка не воспротивится. Идя к ней, он ощущал себя последним грешником, но не мог не идти, так как влюблённость была сильнее его воли. Ему казалось, что он раб, которого тащит на верёвке страсть. Зная, что идти нельзя, он шёл и испытывал душевную муку. Но этот человек знал, что от Бога не нужно скрывать свою душу, а надо непременно говорить то, что чувствуешь и думаешь. Всю дорогу он молился: «Господи, Ты видишь, я иду обнять эту девушку, иду провести с ней время. Я знаю, что это плохо, но желаю только этого, только греха. Вся моя душа просит греха, и я иду к ней, чтобы согрешить. Но Ты, Господи, вмешайся, войди в ситуацию и помоги».

Когда он пришел к девушке та, совершенно неожиданно и против всякой логики, сказала, что не желает иметь с ним никаких отношений и ему нужно немедленно уходить и больше не возвращаться (интересно, что с тех пор она совсем перестала с ним общаться). Когда он уходил, то ликовал и душа его пела от счастья сохранённой чистоты, которого он не мог достичь собственным усилием, но которое ему подарил вмешавшийся Бог.

Много раз я спрашивал опытных людей о молитве и много раз они отвечали мне, что Богу нужно говорить то, что сейчас у тебя на сердце, ничего не выдумывая и не прибавляя. Если вам плохо – скажите это. Если вы устали или огорчены, если вы не понимаете Бога и негодуете на то, что Он вам послал – скажите это. Он не обидится, но придёт на помощь. Ведь молитва даёт Богу возможность действовать в человеке. Он ждёт, пока мы его позовём, и что бы мы Ему ни сказали, Он видит, почему мы это говорим.

Знаю одного сектанта-баптиста, родители, бабушки и прабабушки которого так же посещали секту. В секте была и его жена. Но он, будучи человеком внутренне честным, постепенно стал замечать, сколько много лжи в отношениях сектантов друг к другу. В Евангелии он читал о высоте любви, а в секте видел притворство на американский манер с улыбками и тщательно скрываемым душевным равнодушием. Он заметил, что когда сектанты делают ему добро, они делают его не для него, а для себя, для своего тщеславия, для некой галочки в сознании –

что, мол, вот, я ему помог. Это всеобщее скрытое лицемерие стало ему противно, и он спросил жену – замечает ли она всё это? Жена ответила, что давно замечает, но не решалась никому сказать. И тогда он отказался от места проповедника, которое занимал, порвал с сектой и сказал Богу: «Господи, если Ты такой, каким тебя представляют мои родители-сектанты – то я Тебя знать не хочу. А если Ты другой – то откройся мне таким, каков Ты есть». И Бог стал вести его к православию…

Человеку и в волонтёрстве, и в жизни бывает тяжело, пока он полагается на себя. Но стоит ему положиться на Христа, как он реально ощутит душевный мир. Вот что написал мне об этом один опытный священник:

«Ты должен научиться отдавать эту непосильную ношу Господу и совершенно не думать обо всех этих неприятностях. Научишься не думать, не унывать, а благодарить – придёт совершенное спокойствие и радость от Бога».

Бог вообще приходит на помощь быстрее, чем кажется человеку.

Вспоминаю об этом следующее.

Каждый раз, когда я еду на вечернюю субботнюю службу в храм, то переживаю, так как вечером в субботу в городе очень много пьяных и это бывает весьма опасно. Однажды я попросил маму помолиться, чтобы пьяные хулиганы не цеплялись ко мне по дороге в храм. Прихожу на остановку, где всегда сидят пьяные, пьют, грубят и матюкаются, а там вместо них – наряд милиции. И этот наряд ехал со мной в троллейбусе всю дорогу до храма…

В начале очередного учебного года ко мне пришли мысли, что за весь год нужно сделать необычайно много. Огромность и множество дел у меня отнимали все силы при мысли о них. Тогда я стал вспоминать слова Христа: «Не заботьтесь о завтрашнем дне», и стало легче. Но потом пришли мысли, что каждый день нужно сделать невообразимо много и это тоже отнимало силы. Тогда я обратился к знакомой девушке-психологу, и та сказала, что она в таких случаях говорит себе, что сделает всё, на что Бог даст силы. То есть укреплять меня будет Бог. Как говорил Феофан Затворник: «Для Господа труд – Он даст и силы».

Я замечаю, что не только Бог, но и мы все очень укрепляем друг друга, если только любим того, кому желаем помочь.

Нужно нам, конечно, и укрепление со стороны людей. Поэтому если ваш товарищ по волонтёрству или вы, выполняя некое поручение, теряете душевный мир, то, лучше отказаться от дела, чем терять мир. У аввы Дорофея есть такое рассуждение, что, в любом деле важность исполнить труд составляет две восьмых, а шесть восьмых – это важность сохранения мира душевного.

Быть может вам приходилось видеть группу волонтёров, в которой все раздражены и готовы спорить друг с другом по любому поводу? Это частое зрелище, и случается так потому, что люди не хранят мир внутри себя.

Вот простой совет по хранению душевного мира – идите совершать труд только с теми людьми, которые лично вам приятны и симпатичны. Почему? Потому, что вам будет радостно прислушаться к ним, когда они предложат сделать какое-то дело тем или иным способом.

Когда, например, Лариса или Ангелина говорили мне, что какое-то дело нужно сделать именно так как они этого хотели, у меня не возникало и мысли спорить или настаивать на своём, настолько велик для меня их духовный авторитет. Но несколько раз мне приходилось ездить на задание с раздражёнными дамами бальзаковского возраста, которые постоянно одёргивали меня и друг друга, изводя всех вокруг мелочными придирками. Такие волонтерские поездки запомнились мне, как одни из неприятнейших впечатлений в жизни. Помните фразу: «Я бы с ним в разведку не пошёл». Когда вы волонтёрствуете, подбирайте в свою группу людей одного с вами духа и мировосприятия, чтобы поездки приносили пользу вам и больным. Совсем не хорошо, если ваши подопечные увидят, что православные ссорятся и терпеть друг друга не могут. Христос говорит: «По тому узна́ют все, что вы Мои ученики, если будете иметь любовь между собою».

Такие светлые люди как встреченные мною Лариса, Ангелина и Татьяна могут проповедовать одним только благодатным выражением лица, а многие другие способны, наоборот, оттолкнуть людей. Поэтому внимательно смотрите, с кем вы собираетесь выполнять волонтёрское задание.

В любом случае нужно помнить, что доброделание – один из нескольких источников стяжания благодати у христианина.

Основание доброделания – духовная жизнь человека. Если в сердце нет благодатного избытка – им нельзя поделиться с больными. Если человек не нанёс ущерба своим страстям – он не сможет любить других.

И если он не знает на опыте что такое богообщение – то как сможет рассказать о том, чего не знает? Ведь христианин свидетельствует о Боге, даже если молчит. Мы влияем друг на друга строем своей жизни. Пусть больной увидит, что перед ним благодатный человек. Пусть он через вас соприкоснётся с Богом. Именно это утешит и обрадует его.

Мне приходилось видеть, как больные тянутся к Ларисе, словно к солнцу, когда она приезжает в психоневрологический интернат. Они просят молитв о себе, стараются подойти поближе, чтобы она обняла и утешила их. Как-то мы шли по дороге в интернат и к нам подбежал больной.

Он издали кричал: «Лариса – мне плохо! Помолись обо мне скорее!!!». Она обещала молиться и больной успокоился. Некоторые подопечные говорили мне, что ждут её прихода, как Бога. Вряд ли на земле можно услышать более высокую похвалу. Благодать делает эту удивительную женщину такой, какая она есть. Она из тех, кто разливает лучи жизни вокруг себя, ведь благодать, это то сокровище, которое умножается, когда его отдаёшь.

КОГДА В ДВЕРЬ ПОСТУЧИТСЯ ЧУДО

Если кто из вас окажется в беде, какой бы она ни была (душевное мучение, уныние, боязнь чего-то, прямое мучение от демонов, непонимание со стороны близких или ещё что другое), то выйдите из дома и подайте милостыню. Можно посетить больного или больницу, а когда будете это делать, помолитесь такой молитвой: «Господи, прими моё дело за избавление меня от мучения». Так же можно просить и за кого-то, о ком вы сейчас переживаете.

Однажды я был свидетелем, как мой друг, сильно страдающий от врага рода людского, подал милостыню у ворот храма и ему стало легче.

Ещё одного знакомого несколько месяцев мучил враг. Случилось так, что ему было очень тяжело и даже во время службы приходило мучительное желание самоубийства. Легче стало только когда он приехал в интернат и помог больным.

Я часто видел, как волонтёры приходили помогать несчастным, но при этом сами находились в унынии. Когда же они начинали помогать, то уныние само собой сменялось спокойствием, а то и радостью.

Христос всегда радует тех, кто радует других, пусть и ценой собственных трудностей. Часто причащаться и нести другим людям свет – это всё Евангелие в одной строке.

Некая подруга как-то сказала мне: «Когда я уверовала, то Господь стал постепенно менять мою жизнь к лучшему. Долгое время я просыпалась с мыслью, что Бог есть и радовалась. А теперь я просыпаюсь и думаю, что есть ещё и ты...».

Господь доверяет нам нести Его присутствие туда, где пока ещё темно...

Для этого не стоит жалеть своих средств. Моя мама всегда замечала: *Всё материальное, что нам Господь дал, Он дал, чтобы ты это использовал другим в утешение*.

Как удивительно складывается наша жизнь! Как давно забытое сделанное кому-то добро напоминает нам о себе! Бывает это, впрочем, по-разному.

Я знал одну девушку-волонтёра. Её звали Катей. 8 июля 2013 года после непродолжительной, но тяжелой болезни она умерла. Учась у меня в университете она вела себя скромно, и когда мы обзванивали людей с просьбой молиться о ней (она была уже в реанимации) то почти никто из студентов вообще не знал – о ком мы им говорим. Она садилась на последней парте, внимательно слушала и стеснялась задавать вопросы. В последний год своей земной жизни она больше всего радовалась общению с немногими друзьями и возможности сделать кому-то добро. Катя посещала больную одинокую старушку и помогала ей по хозяйству. Старушка в ответ желала ей найти хорошего жениха. На это Катя говорила, что она не красивая и не может кому-либо понравиться. На самом деле Катя была довольно симпатичной девушкой, хотя и со множеством внутренних комплексов, порождённых детскими страхами и обидами. Я замечал, что когда она помогает старушке, ей и самой становится лучше. Незадолго до смерти Катя сказала мне, что ей стало легче жить...

В жизни она испытала много горя и непонимания. Была доверчива к людям и к православию. Верила, что её не обманут те, кто ей дорог. Она ушла в мир иной на день семьи (память святых Петра и Февронии), хотя сама никогда семьи не имела. Быть может Господь хотел этим сказать, что теперь её семья – вся Церковь на небе, раз она была лишена семьи на земле.

Последней книгой, которую она прочла в жизни, была моя сказка «Сага о древней надежде». Она была как утёнок из сказки Андерсена, и случилось так, что лебедем она стала уже в Царстве Небесном. Вечная тебе память, Катя, и до встречи.

Как бывают красивы верующие люди! Антон, мой давний знакомый, человек, который получает совсем маленькую пенсию по инвалидности, часто помогал мне деньгами из своих скудных запасов. Помню, как мы с ним приехали в Славянск и попали на рынок художественной керамики. Я спросил Антона, что он хочет купить себе? Он ответил, что у него и так всё есть, и он будет покупать подарки своим знакомым. Антон живёт бедно, но в своём самоощущении он богаче некоторых богачей, потому что почти ни в чём не нуждается, и больше желает давать, чем получать.

А ещё Саша, у которого такая же маленькая пенсия инвалида, но он постоянно жертвует больным и нищим, а когда узнаёт, что кто-то из наших знакомых нуждается, спешит помочь тому человеку. При такой маленькой пенсии отделить на нужды благотворительности даже малую сумму не просто. Но Саша помогает деньгами всюду, где только слышит о чьей-то беде или сложном материальном положении. А поскольку большинство верующих находятся в этом самом сложном материальном положении – то и Саша всё время что-то кому-то даёт.

«Как же хорошо у нас!!!» – говорил старец Николай Гурьянов о всей Земле, – «Слава Тебе, Господи! Бог наш небесный не оставляет нас!!!».

Не знаю, обращали ли вы внимание, что светлее всего жить тем, кто много терпел и при этом помогал другим. Путь помощи другим есть, одновременно, и путь решения наших проблем.

Нужно сказать, что каждый приходящий волонтёр имеет свои трудности и огорчения, но время, проведённое в волонтёрстве, помогает их преодолевать.

Как правило, в движение приходят молодые незамужние унылые девушки. Унывают они, конечно же, оттого, что у них нет мужа или парня. Чтобы хоть как-то исцелить своё горе, они начинают посещать больницы, интернаты, инвалидов и стариков. И каждая из них в течение одного-трёх лет счастливо выходит замуж. Это правило без исключений. Причём мужей находят себе даже те девушки, которые до тридцати лет ни с кем не могли выстроить отношений. Это светлое чудо, известное всем волонтёрам. Однако, для совершения такого чуда необходимо постоянство со стороны девушки. Она должна посещать больных не менее раза в неделю и не меньше года. Так она радует несчастных, а Бог за это порадует её саму. Замечено, что браки волонтёров оказываются счастливыми и это ещё одно чудо, так как каждый знает, как сложно найти себе подлинно близкого человека. Бывают так же случаи, когда волонтёры начинают встречаться с другими волонтёрами и вскоре образуют семьи.

Некоторые мои друзья шутили, что я могу открывать брачное агентство, так как все несчастные девушки-волонтёры после какого-то времени служения находили себе пару.

Приведу примеры.

Некая моя подруга до 28-ми лет старалась устроить свою личную жизнь. Она часто встречалась с парнями, но, каждый раз всё распадалось, так как между ней и ими не было ничего общего. Конечно же, она очень страдала по этому поводу, но однажды её пригласили провести игру для городских детей на крупном мероприятии. Помощником в проведении игры оказался её будущий муж, о чём она, конечно же, и предположить не могла.

Наталья и Андрей, ещё одни волонтёры, посещавшие со мной психиатрическую больницу, познакомились прямо там и вскоре поженились. При этом Андрею было 36 лет, и он совершенно никого не мог найти, а Наташа тоже говорила, что все её возможные женихи уже имеют семьи и ей давно ничего не светит.

Анна О., грустная тридцатилетняя девушка, очень переживавшая, что у неё ни с кем не складываются отношения, чрез год поездок в психбольницу и детскую гематологию встретила достойного человека и теперь уже воспитывает родившегося в браке ребёнка.

У Елены О. бывшей в браке через несколько лет волонтёрства родился сын, хотя до этого у неё были определённые трудности с беременностью.

Наталья и Алексей познакомились на молодёжке, которую я проводил, но хорошо узнали друг друга и решили встречаться только после совместных походов в интернат.

Анна Ж. всего несколько раз посетила больных и встретила своего человека в своём собственном храме.

Список можно продолжить.

К примеру, в одной из поездок в больницу мы познакомились с православным человеком по имени Дмитрий, диагноз которого был неутешителен – врождённая шизофрения. Несколько месяцев, находясь в больнице на излечении, он наблюдал за нашей работой, а потом сказал, что когда выпишется, станет нам помогать. Он исполнил своё слово, регулярно ездил с нами, покупал больным нехитрые угощения, посещал молебны, а потом потянулся к православию, да так, что по его просьбе я даже возил его в Никольский монастырь к могиле старца Зосимы Сокура. Мы часто встречались с Дмитрием и беседовали о вере. Он был готов помогать людям и ходил с нами к инвалидам и старикам, которым была нужна помощь. Так, в одной квартире он бесплатно делал ремонт, менял линолеум, ходил в магазин и приносил старикам продукты. Дмитрий оказался мастером и человеком с золотыми руками. Однако в собственном доме Дмитрию было трудно. Его родной отец постоянно бил его (хотя сыну на тот момент было уже 25 лет), и всячески его третировал. Всё это усугублялось нервным расстройством и болезнью Дмитрия, и могло снова привести к обострению. Мы молились о нём, и он сам молился, но при этом продолжал помогать другим людям.

Помню два наших визита к одной депрессивной женщине, которую звали Виктория. Она был из тех людей, которые почти постоянно пребывают в унынии, так как им кажется, что жизнь складывается не так, как они того желают. Эта Виктория одна воспитывает четырёх детей, но, будучи подвержена унынию, много лет не убирала в собственном доме, а внешняя обстановка тоже влияет на душу. Поэтому мы с Димой приехали к ней, чтобы помочь убраться. С раннего утра и до ночи мы убирали, чистили, драили, собирали ненужные вещи и уносили в сарай, подметали многолетнюю пыль, расставляли по местам хаотично разбросанную мебель. В довершение всего Дмитрий сходил в магазин, купил Виктории полную сумку еды и мы стали готовить ей угощение, так как она до этого предпочитала питаться всевозможными макаронами и пюре быстрого приготовления вроде Доширака. Наши усилия увенчались успехом и Виктория была в тот вечер довольна.

Подобными делами Дима занимался часто, благо тех, кому нужна помощь хватало. Но в отношении его самого всё казалось безнадёжным. Отец всё так же бил и унижал его. Ни покоя, ни домашней радости у него не было. Но Бог знает, когда и как придёт избавление наше!

Шло время и Дмитрий неожиданно познакомился с девушкой, которая полюбила его, не остановившись ни перед его шизофренией, ни перед его мизерной пенсией. Довольно быстро они поженились и теперь он живёт у жены. Бог даровал ему семью после всех перенесённых им бед. Надеялся ли он на это? Нет. Вся людская логика говорила о том, что до конца жизни он будет знать только боль. А Христос подарил ему радость.

К сожалению, далеко не каждый человек хочет помогать другим, даже если верит, что Господь взамен возрадует и его.

Так, уже 12 лет я общаюсь с некой унылой знакомой по имени Инна. Все эти годы она рассказывает, как ей плохо живётся без жениха. Каждый раз я предлагаю ей поехать со мной в больницу, рассказывая множество случаев помощи Божией волонтёрам именно в вопросе обретения второй половинки. Все 12 лет она говорит, что поедет, и все 12 лет её слова остаются только словами.

На своих лекциях я рассказываю о волонтёрском движении и приглашаю присоединиться, но как же редко люди отзываются на такое предложение!

Но есть и другие случаи, когда люди очень хотят помогать другим и не могут этого сделать.

Так, например, Ольга А. Эта удивительная девушка больше 10 лет мечтает о совместной поездке со мной в какую-нибудь больницу. Но её примитивный и злобный муж запрещает ей даже переступать порог храма, так что даже молитвенное правило ей приходится читать в туалете, чтобы он ни в коем случае не узнал. Она светла и прекрасна.

Знаю ещё одну тихую девушку Ксению. Она долго добивалась у мужа разрешения помогать больным. И получив его стала посещать со мной брошенных детей, играла с ними, читала им сказки, водила гулять. А потом Господь наградил её собственным ребёнком, хотя до того она много лет оставалась бездетной, страдая по этому поводу.

Когда-то в одной из своих пьес я написал такие строки:
Всё так Сказочник мудро решил
И конца величайшую радость
Он в начале знать не разрешил.

Много лет назад, когда я ещё не ходил в храм, хотя и причислял себя к православным, я влюбился в девушку. Это было на втором курсе университета, где я учился на филолога. Девушка была «неформалкой» и хотела со мной дружить, но все предложения чего-то большего отвергала. Я, конечно же, страдал и переживал. Однажды она девушка повела меня гулять на крышу недостроенной многоэтажки. Помню, как она подвела меня к краю крыши и предложила заглянуть вниз. Тогда мне пришли мысли, что если я сейчас прыгну туда, то через несколько секунд душевной боли больше не будет. Я тогда не знал, что бывают мысли, которые навевает человеку враг, а мысль казалась крайне заманчивой. Мне вспоминалась уже не только эта девушка, но и непрестанные истязания, которым я всю жизнь подвергался дома. Казалось – выход рядом. Но внутри было ощущение, что так не должно быть, что самоубийство не может быть путём человека, который надеется на избавление. И даже если надежды мало, – убийство себя не может быть путём, но только тупиком. Я не прыгнул. По прошествии лет я иногда вспоминаю этот случай и думаю вот о чём: конечно, в моей жизни было тогда много боли, но сквозь всю эту боль

Господь явно дарил Свой свет. Если бы я послушался врага и прыгнул, тогда скольких многих любящих меня людей я не встретил бы, скольким бы не помог, сколько не написал бы книг и не увидел чудес. Я прожил удивительную жизнь и никакое горе не может её омрачить. Любое горе на земле временно и наша боль с нами не навсегда. Меняются условия нашей жизни и боль отступает.

Кстати, та девушка, из-за которой я хотел спрыгнуть с крыши, через несколько месяцев разонравилась мне совершенно…

Радость всегда ближе к нам, чем мы думаем, когда унываем.

ЧТО ТАКОЕ ПОДВИГ

Представьте себе средневековое войско, которое 40 дней готовится к сражению, острит мечи, чистит щиты и кольчуги. А потом, когда всё готово, идёт в трактир.

Так и многие верующие проводят дни поста: вооружаются на битву, которой нет. И нужно что-то сделать, чтобы жизнь оказалась полнее и выше. Но что именно?

Волонтёры из других городов часто спрашивали меня, с чего им начать служение, если в их храме или даже городе нет никакого волонтёрского движения. Я отвечаю им: найдите в вашем храме старую и бедную женщину, и помогайте ей. Для этого не нужно никаких особых умений и письменных разрешений. Ходите к ней раз в неделю (не реже) и оставайтесь с нею хотя бы на полчаса. Почитайте ей Евангелие и молитвы, помогите по дому, сходите в магазин. Если есть возможность – принесите угощение. Но самое главное – разговаривайте, общайтесь.

Люди больше всего страдают от того, что им не с кем поговорить. Именно общения не хватает большинству из тех, с кем вы встретитесь в жизни.

Сочувствие является показателем психологического здоровья человека.

Святые, как правило, обладали свойством сочувствия другому человеку. Это свойство они развивали в себе через постоянную заботу о других. Алексей Мечев советовал обязательно выслушивать приходящих к нам со своей бедой, даже если нам скучно их слушать. Понуждая себя ко вниманию, мы добиваемся того, что наше сердце расширяется и мы вмещаем в себя пришедшего с бедой человека.

Истинность православия не только доказуется, но, прежде всего, показуется. Когда нам грустно и мы унываем, исцеляют только Бог и Божьи люди. Если человек никогда в своей жизни не встречал таких, то ему кажется, что мир уродлив и нет чистых людей на свете. Мне же, напротив, приходилось общаться со множеством настоящих христиан, которые несли миру утешающий свет. Расскажу об одной из многих, кого лично знаю.

Лена П. была успешной актрисой Донецкого театра. Красива, умна, талантлива. Знакомые говорили о том, что её ждёт славная карьера. Всё изменилось с рождением ребёнка. Сын Лены родился с генетической патологией синдрома Дауна.

Если вы видели семьи, где рождаются подобные дети, то знаете, что эти семьи обычно замыкаются в себе, разрывают социальные контакты, стыдятся своего ребёнка и ситуации, постепенно впадая во всё большую депрессию. Лена поступила иначе. Она оставила театральную карьеру и стала помогать своему сыну жить в полноте. Потом она заметила, что во многих семьях есть такие же больные дети. Тогда она начала помогать и им. Лена собрала несколько десятков подобных семей и устроила добровольный реабилитационный центр для родителей и детей. Каждому пришедшему она пыталась передать свой оптимизм и уверенность, что больной ребёнок – это особый подарок от Господа, значения которого на Земле мы можем не понимать. Она помогала родителям больных детей изменять отношение к собственным детям и ситуации.

Уже много лет мы с Леной занимаемся в её центре. Учим детей дружить, общаться и молится.

Наши занятия направлены не только на детей, но и на родителей, которые, не смотря на болезнь ребёнка, могут воспринять его не как наказание, но как дар от Господа. Особый дар. Поэтому и наш проект называется «Особый ребёнок».

С нами занимаются несколько возрастных групп, от малышей до самых больших. Самые старшие у нас от двенадцати лет и до того, пока мы живы и можем им помогать…

Их родителям гораздо тяжелее, чем родителям здоровых детей. Родители переживают стрессовую ситуацию. Проблема их так же в том, что общество не желает видеть этих детей. Их часто обижают на улицах и в транспорте, считают результатом родительского греха и так далее.

Одна мама из нашей группы имеющая ребёнка с синдромом Дауна шла по улице. Её сын крайне общительный. Он подбежал к какой-то девушке из прохожих и хотел её обнять. Та презрительно закричала на всю улицу: «Уберите от меня это!». На что мама больного ребёнка ответила: «У моего сына синдром Дауна. А у вас что?».

Мы нередко видели, как у душевнобольных по мере их воцерковления проходили неизлечимые проявления болезни. Молитва и таинства меняли их психическое состояние. Исчезали упорные бредовые идеи, галлюцинации, в глазах появлялась осмысленность.

Болезнь – часть промысла Господня о человеке, часть той истории, где человек становиться человеком. Жизни людей душевнобольных еще раз подтверждают это и несут в себе слово святых отцов: «Для Бога каждая одна душа человеческая имеет ту же ценность, что и все души вместе».

Но родителям очень сложно воспринять своего ребёнка как дар. Наибольшая проблема именно в этом.

Воцерковление детей начинается с их родителей, поэтому мы работаем с семьями. Походы в храм, паломничества. У детей сложности со службой и причастием. Совместные трапезы помогают им принимать пищу у других и причащаться. По нашей просьбе священник приходит в группу, чтобы дети к нему привыкли. Он даёт им с ложечки компот, чтобы приучить их к мысли о причастии.

У этих детей так же как и здоровых есть ощущение того, что Бог существует, и они это по-своему выражают. Приведу несколько случаев.

Максим, мальчик 11-ти лет с синдромом Дауна. Время от времени берёт икону своего покровителя – святого Максима, и обходит с нею весь дом, крестя углы и стены иконой. Показывая на изображение Спасителя он говорит: «Это папа»

Петя, аутист. 12-ти лет. Он не знает, что такое иконы и не станет слушать объяснения, поскольку страдает тяжелой формой умственной отсталости. Но в Святогорской Лавре, куда его повезла мама, он сам поцеловал икону святого Пантелеймона целителя.

Игорь, аутист лет 10-ти. Когда собирается в храм говорит: «Пойдём в гости к Отцу, Сыну и Святому Духу».

Информацию они практически не воспринимают, но ориентируются на поступки, чувства и действия. Они чувствуют любовь. На их сознание мы не можем опираться, но они могут чувствовать и принимать. Информацию же мы адресуем родителям.

Если такие дети любимы – они чувствуют это.

Воцерковлённых родителей в группе мало, но православию сочувствуют все. Православным легче принять такого ребёнка. Чаще всего родители приходят к вере через боль за своего ребёнка. В раю, где все эти дети будут здоровы, нам всем откроется тайна – мы всю свою боль увидим как милость Господню. Но пока этого ещё не произошло, мы помогаем идти и друг другу и нашим детям.

Лена сознательно выбрала православие, увидев, что именно здесь человеку предоставлена реальная свобода выбора. И ещё она заметила связь церковных таинств и облегчения состояния больных детей. Так, например, её сын, мальчик с синдромом Дауна, стал лучше говорить после своего первого причастия в храме.

Как-то Лена сказала: «Мне всегда хотелось быть сильной. Гораздо сильнее я стала, когда признала собственную слабость. Я не всё знаю и не всё умею. Поэтому я понимаю, что, как я могу ошибаться, так и другой способен ошибаться».

На наших занятиях и дети и родители имеют право на ошибку. Лена мудро анализирует состояние деток и всегда приходит к ним на помощь.

Помню её рассуждения на тему, чем отличается здоровый человек от больного: здоровый осознаёт добро и зло. Психически больные дети не могут умозаключительно отделить добро от зла, не могут это объяснить, они воспринимают добро и зло как действие, но сердцем тянутся к доброму.

Увидев плохое поведение родителей они могут скопировать его, но внутреннего посыла к злу у них нет. А ещё они умеют сердцем чувствовать чужую боль.

Эти дети посланы к нам как команда спасателей для здоровых людей. Они могут безответно любить, но и сами нуждаются в любви и защите. Они могут послужить нам кривым зеркалом, когда повторяют плохое поведение родных.

Все родители больных детей задают вопрос – за что у меня родился такой ребёнок? Лена уже много лет наблюдает за этими семьями, и она заметила, что среди них есть очень хорошие семьи, есть амбициозные, и есть жертвенные – а диагноз у всех один. К чему же призывает Бог родных больного ребёнка? Когда такое дитя рождается, врачи, как правило, говорят – это вам будет на всю жизнь наказание. Но никто из них не говорит, что такой ребёнок будет вам во спасение.

Одна мать своего больного ребёнка зовёт его «Наказание», и она мучается с ним каждый день. А есть семьи, которые о больных детях говорят: «Это наше спасение. Без него бы мы не узнали, сколько много в жизни добра».

Те, для кого ребёнок наказание – мучаются и получают удары по самолюбию. А те, для кого ребёнок спасение – восприняли его как подарок, который учит их любви.

Лена говорит, что человек, это сердце, которое должно научиться любви. У всех нас на земле одна миссия – любить, но мы по-разному это проявляем и потому по-разному украшаем мир.

Это в полной мере касается и больных детей. Далеко не каждый ребёнок проявит столько заботы о своих товарищах, будет столь ласков и внимателен к родным, как такие дети.

И это при том, что они часто подвергаются насмешкам и обидам со стороны здоровых взрослых. Как-то Лена рассказала мне об этом такую историю.

Когда она была маленькой, у неё была соседка – Света, девочка с синдромом Дауна. Света была на год младше Лены. Дети относились к Свете пренебрежительно. Она раздражала их своей непохожестью и неспособностью включаться в игры. Однажды Лена огорчила Свету, и кто-то из взрослых сделал Лене по этому поводу замечание. С тех пор Лена пересмотрела своё поведение, и стала опекать Свету. Света училась в спецшколе, а Лена ей помогала. Они вместе играли.

По окончании школы Света (ей было уже 18 лет) пришла к Лене в гости и сказала:

— Хочу с тобой серьёзно поговорить. Я хочу у тебя спросить, скажи, я – дура?

Лена растерялась. Как объяснить Свете, что та не такая как все? И она сказала:

— Давай рассуждать. Скажи, я – дура?

— Нет. Ты очень умная.

— Давай рассуждать дальше. Я окончила школу и поступила в училище, чтобы иметь профессию. А ты?

— Мне предложили два места работы: посудомойкой и няней в детском саду.

— И что тебе больше нравится?

— Посуду мыть – заработок хороший, но вставать в четыре утра и идти через посадку страшно. А в детском саду денег меньше, но я люблю деток и раньше нянчила племянников.

— Молодец. Мы с тобой одинаково выбрали профессию, которая нам нравится. Слушай дальше. Я себе сделала стрижку и пошила костюм, чтобы нравиться людям. А ты?

— Я себе пошила платье длинное, так как у меня ноги полные.

— Мы с тобой выбираем профессию. Мы стараемся быть приятны людям. Чем же мы с тобой отличаемся, если ищем одного?

На это Света ответила:

— Ты права. А сосед мне говорит: «Ты дура». Я никогда никого не обидела, слова плохого никому не сказала, а он пьёт, матерится, жену бьёт – вот сам и дурак!

Через сутки Света трагически погибла. Но Лена на всю жизнь запомнила, как в тот вечер у Светы впервые открылось чувство собственного достоинства, когда она из забитой девочки стала человеком. И Господь забрал её, чтобы никакой «умный» злодей её больше не разочаровал.

Лена огорчается, когда слышит, что психически больные дети пришли в мир на страдание. Она говорит, что задача здоровых людей – обеспечить больным детям пространство любви. Для них нужно создать такие условия, чтобы они доверились миру. Эти дети несут в себе радость, и мы тоже должны нести радость им.

Лена всегда готова поддержать и помочь других даже в ущерб своему здоровью. За много лет я никогда не слышал, чтобы она отказала в поддержке кому-либо, хотя сама часто с ног валилась от усталости.

Служение милосердия дало ей возможность увидеть мир светло. В таком мире хочется жить и действовать, и его красоту не может поколебать никакое зло. Лена часто говорит, что нужно быть сильным со всеми, кому больно, а слабым только с тем, кто знает, как больно тебе.

Она рассказала мне однажды: «Когда я была маленькой, у меня были две цели в жизни: спасти мир и украсить его своими делами. Когда я выросла, я поняла, что спасти мир не смогу, а вот украшать его стараюсь каждый день».

Как ни странно, но даже явно добрая и важная деятельность Лены вызывала и вызывает у некоторых людей неприязнь и насмешки. Это, впрочем, неудивительно, если учесть, что в нашем мире существует зависть. Святой Макарий Великий как-то сказал, что все хотели бы иметь благодать праведника, но почти никто не желает понести ту боль, которая привела праведника к благодати.

По этому поводу вспоминается Конфуций, которому ученики сказали, что об одном человеке все в его деревне говорят хорошо. «Это плохой человек», – ответил Конфуций. Тогда ученики сказали, что о другом человеке все в его деревне говорят плохо: «Это тоже плохой человек», – отвечал Конфуций. «А кто же тогда хороший?» – спросили ученики. И Конфуций отвечал так: «А хороший тот, о ком хорошие люди говорят, что он хороший, а плохие говорят, что он плохой».

Православных женщин служащих больным часто обвиняют в том что лучше бы они больше уделяли времени своей семье, чем бегали по инвалидам и больницам.

Но если бы святая княгиня Елизавета Феодоровна посвятила всё время только своей семье, то мир не узнал бы её заботы, а ведь тысячи людей ждали её как солнце: и больные, и несчастные, и бедные. Хорошо когда женщина наполняет уютом семью, но мир больше чем семья и в тепле нуждаются не только те, кто рядом…

Древняя драма «Царь Эдип» оканчивается словами: «И считать счастливым можно, очевидно, лишь того, кто достиг пределов жизни и несчастья не постиг». Я же думаю, что счастлив тот, кто увидел, что в жизни есть смысл и значение, которые открываются только если тебе по-настоящему нужен другой.

ДЕТИ ВОСЬМОГО ДНЯ

Одна мудрая мать, имеющая психически больного ребёнка, сокрушалась о том, что окружающие видят в его болезни только наказание за грехи родителей. Но так ли смотрят на психическую болезнь просвещённые Духом святые? Так ли смотрел Господь, когда сказал апостолам об одном больном человеке: «Не согрешил ни он ни родители его, но это для того, чтоб явилась на нём слава Божия»? Святые думали, что если человек болеет какой-либо болезнью, это не значит, что Бог желает ему зла, но значит, что Он желает человеку спасения.

Если цель жизни человека – соединение с Богом, то встаёт вопрос, может ли психическая болезнь помешать этому? Конечно, никто из людей не исключён у Бога из этой цели и тяжелая психическая болезнь не может ей помешать, как малый возраст младенцев тоже этому не мешает. Младенец не понимает, но душа его чувствует и может принять Господа или отвергать Его. Это хорошо известно тем, кто наблюдал, как младенец ведёт себя перед чашей причастия – некоторые причащаются спокойно, а другие отворачиваются от чаши и устраивают истерику. В этом проявляется расположение их душ. Такую аналогию можно применить и к душевной болезни, когда человек ничего не понимает и не воспринимает, как говорят «ведёт жизнь растения». Мне приходилось видеть как ничего не понимающие и не умевшие говорить люди тянулись к Богу, как им становилось легче рядом с иконами, как умиротворяющее влияла на них молитва, которую произносили в их присутствии другие люди. Старец Паисий Афонский утверждает, что люди, которые из-за болезни совсем ничего не понимают, могут так же как и другие познавать Бога, причем их познание не уступает познанию святых богословов. «Блаженны чистые сердцем ибо они Бога узрят», – эти слова можно отнести и к людям с тяжелыми формами психических болезней.

Очень важно, что для людей с болезнями сознания, как и для всех других, не закрыт путь к цели человеческой жизни – к святости. На Балканах, некогда захваченных турками, в те времена жил такой святой Иоанн. Он был болен каким-то видом шизофрении, что, конечно, тогда не диагностировалось, и в дни такого помрачения сознания турки убедили его принять ислам. Когда он пришёл в себя и узнал, что с ним случилось, то исповедал себя христианином, был убит и стал святым мучеником Иоанном.

Есть и такие больные, которые даже не могут говорить, но Господа они знают и чувствуют. Знакомые волонтёры рассказывали, как одному немому и ничего не понимающему больному, закрытому в палату для буйных, через решётку протянули икону. Он схватил её, сел в углу, прижал икону к груди и облегчённо вздохнул.

Или другой случай. Больной, который и говорить-то мог с трудом, сказал перед молебном: «Я хочу с Богом быть. Но не просто умом знать Его, я хочу с Ним соединиться, чтоб Он был у меня внутри». Его никто такому не учил, но он это знал потому что это правда. Православие – опыт и познаётся оно опытом и трудом.

– Как я жду пенсии! Сказала одна больная, всю жизнь живущая в психоневрологическом интернате.

– Почему вы её так ждёте?

– Хочу купить всем булочек и всех угостить.

А ведь пенсия – всё её малое сокровище. И вот свои деньги она решает потратить на других. Разве это не подвиг? Не те самые две монетки, за которые Христос похвалил жертву вдовы?

Взять хотя бы недавний случай, когда в Канаде взрослые решили устроить соревнование по бегу среди детей с синдромом Дауна. Когда прозвучал сигнал старта дети побежали, но один из них упал и заплакал от бессилия. И тогда все остальные участники забега вернулись, подняли его, и все вместе пошли к финишу.

Святой Иоанн Кронштатский пишет: «Есть души настолько хрупкие, что они разбились бы о грубость и жестокость окружающего мира. И Господь допускает, чтобы между ними и миром опускается пелена психической болезни, чтобы отделить эти души от того, что могло бы разорить их целостность. И за этой пеленой душа зреет и меняется и человек растёт».

Болезнь – часть промысла Господня о человеке, часть той истории, где человек становиться человеком.

Психически больные люди часто крайне чувствительны к Богу и миру духовному.

Приведу несколько историй.

Один больной с тяжёлыми нарушениями сознания и речевого аппарата пришёл в донецкий храм Рождества Христова. Больше жестами, чем словами он объяснил, что хочет икону, указал на образ Спасителя и нужно было видеть, с каким выражением лица он прижал икону к груди. Не безумец, но родной пришёл к Родному.

Вот ещё подобные истории из виденных мною.

Анатолий. Диагноз – шизофрения. 40 лет. К нему откуда-то попала книга Антония Сурожского о молитве. Известно, что когда мы читаем книги святых и праведников, те смотрят на нас из рая и молятся о нас. Анатолий рассказывал, что у него уже много лет болит спина, но когда он прочтёт несколько страниц из книги митрополита Антония, боль утихает на целый день.

Дмитрий. Около 40 лет. Кроме шизофрении страдал наркозависимостью. Поехал в Святогорскую Лавру и там обнаружил, что наркозависимость совершенно оставила его.

Сергей. 35 лет. Тяжёлая форма шизофрении. Говорит редко. Но во время молебна в больнице, где он лежит, стал по памяти читать молитву «Да воскреснет Бог». Для знающих Сергея людей это было таким же чудом, как, если бы вдруг внезапно заговорила Этна…

Как-то я присутствовал на причастии душевнобольных в интернате, и увидел, как у одной больной после причастия лицо просияло небесным светом.

Или случай частичного исцеления произошедший в часовне Старомихайловского психоневрологического интерната в Донецке. Инна, девушка лет двадцати двух, проживающая в интернате, с самого своего рождения не говорила ни слова. После посещения часовни и молитвы стала узнавать и называть предметы и связывать слова в предложения.

Священник Вадим из Донецка свидетельствует, что знает четыре случая исцеления от психических болезней, произошедших в этом городе. Исцеления происходили по молитве самих больных или по молитве их близких о них.

Рассмотрев приведенные тут истории чудесной помощи больным можно заметить, что в большинстве случаев исцеление наступало не по молитве самих больных, которые по тяжести болезни вообще не могли осмысленно молиться, но по молитве их близких. Это показывает, насколько важно людям, находящимся с больными, вести православную духовную жизнь, воцерковляться, участвовать в таинствах Церкви, приводить к этим таинствам самих болеющих. В Евангелии есть эпизод, где описывается прошение грехов и исцеление парализованного человека, которое Христос даровал тому за веру его друзей просивших о его исцелении Бога.

Это показывает, насколько значимы могут быть наши молитвы о тех, кого мы любим. Молитва родственников и друзей о своих болеющих близких очень важна, не только для исцеления, но и для освящения душ тех, о ком мы молимся. А ведь души этих больных очень восприимчивы ко всему священному, восприимчивы к благодати. Важное дело – помочь им на пути к Богу.

Конечно, таких историй гораздо больше, чем приведено в этой книге, ведь путь каждого человека по дороге веры есть чудо. В начале двадцатого века святой Силуан Афонский говорил одному молодому человеку: «Знает Господь что ты страдаешь. Но Его любовь согреет тебя, как солнце согревает землю». Божья любовь становится известной душевнобольным даже когда им никто об этом не рассказывает – они узнают о ней из личного опыта богообщения. Но это не значит, что те, кто рядом с ними, не должны в меру своих сил вести этих людей к Богу, потому что Ему радостно, когда мы становимся соучастниками в спасении друг друга. Важно знать, что эти люди ничем не умалены против других людей, их дело от всего сердца Бог принимает как подвиг святого. «Если есть усердие, то оно принимается смотря по тому, кто что имеет, а не по тому, чего не имеет» (2Кор 8:12) Это значит, что расположение сердца Господь от них принимает как большое и важное дело, а их окружающим говорит: «Что сделали одному из братьев Моих меньших, то сделали Мне»…

Когда-то давно меня занимал такой вопрос – как правильно провести праздничные дни. Пасхальный, рождественский, день рождения и другие, чтобы сердцу было радостно вспоминать прошедшее. Когда-то единственным воспоминанием было то, что в эти дни можно вкусно поесть, благо, пост окончен. Но душа постоянно требовала чего-то другого, ощущая недостаточность гастрономической стороны церковного праздника. Кто-то, быть может, скажет, что лучшим способом отметить праздник будут литургия и причастие. Это, конечно, так, но душа требует некого продолжения литургии, чтобы наша жизнь стала литургическим явлением в окружающем мире. Когда впервые после пасхальной службы я поехал в интернат, то испытал радость пасхи особым образом, ранее мне неизвестным. Тогда я понял, что лучший праздник – это дарить праздник тем, кто на него не надеется.

Так случалось не только у меня. Ниже я приведу письмо моего друга и волонтёра, Наталии П., которую я попросил сопроводить меня в моей поездке к больным. Замечу, что она стала с тех пор весьма активным волонтёром, который не жалеет никаких денег на угощение для несчастных.

Наталья П.: *«Недавно и мне посчастливилось познакомиться с человеком, жизнь которой – воплощенная деятельная вера и братолюбие. В один из пасхальных дней, раздался внезапно звонок и мне предложили съездить проведать подопечных интерната для психически больных людей. Не скрою: меня взяла досада. Планы на день были другие (закончить эту контрольную работу), жалко было время, и...просто страшно.*

Но отказать не смогла. Удивительно, но звонок раздался как раз тогда, когда я печатала фразу: «...духовные жертвы должны сочетаться с добрыми делами»...

Во дворе интерната нас уже ждали больные люди. Их было много. Лица, глаза, прикосновения, радость от встречи... Я боялась рассматривать их, потому что для меня это было страшно. А мой попутчик их любил, меня это поразило.

В большом красивом актовом зале мы встретились с воспитателем интерната- «героиней» моего рассказа.

Молодая симпатичная женщина Ирина, музыкант по образованию, которая сознательно пришла работать туда. «Мне с ними интересно, -рассказывает она. Потому что творческое начало у них не замутнено. Они многое умеют, много хотят и из них много можно лепить. Было бы желание». Она сроднилась с ними абсолютно. Даже в разговоре Ирина не дистанцирует себя от подопечных. Как мать, говорит: не «мне надо», «им надо», а «нам надо». Вот уж где братолюбие... Она не брезгует людьми, которых общество считает ненормальными. Оказывается, среди них есть всякие. Во всяком случае, Бога они чувствуют острее и реальнее, чем многие «здоровые» люди.

Ирина организовывает весь досуг подопечных: концерты, поездки, пикники. Подопечные доверяют ей свою боль. Она спокойно, деловито, как многие женщины влияет на их жизнь своим участием и настоящей любовью. Добрые дела её такие тихие, органичные, не показные. Мягко говоря, «своеобразный» контингент людей и её служение там для постороннего – на грани стояния. Но она этого не ощущает. Просто живет. На велосипеде на работу, с работы. Ни на что не претендует, не жалуется, не ждет помощи, всех понимает, никого не осуждает, наблюдая при этом каждый день страшный результат человеческого греха.

Её любят. Когда мы все молились, с подопечными, молодая женщина Вика, которая не ходит, только ползает, сидела около Ирины, обнимая её за ноги. И она не отошла, не отодвинула её...

Вот так Господь явил мне пример подвижнической жизни. «От меня это было», прочитала я в духовном завещании преподобного Серафима Вырицкого. Мне подарил его мой попутчик, в утешение, что время я потратила не зря...».

Старец Иоанн Крестьянкин писал о пользе малых добрых дел. Купить бедному знакомому еды, заказать такси человеку, который устал, а его ждёт ещё долгая дорога домой. Чем больше мы обрадуем других, тем больший свет придёт и к нам, вплоть до того, что мы увидим – всю жизнь стоит потратить только на то, чтобы все люди вокруг становились счастливыми.

ОНКОЛОГИЯ. ПРИГОВОР ОТМЕНЯЕТСЯ

Когда человек в беде, когда он ожидает неприятностей или огорчён, то есть на свете средство, которое может ему помочь, и средство это – доверие Богу. Такое доверие человек противопоставляет логике, говорящей ему, что дальше всё должно быть только хуже. Каждый человек, который доверился Господу, приходит в покой, его состояние тогда чем-то подобно райскому, потому, что он знает – ничто в мире не бывает без любви Господней.

Если мы обратимся к прошедшим дням нашей жизни, то увидим, что даже самые большие огорчения Господь неким чудным образом направлял к нашей радости. Быть может, эту радость мы до конца получим уже когда наша история на земле окончится. Но и в этой жизни доверившийся Господу человек знает счастье неоставленности. Он не знает, как и что с ним будет, но верит, что Бог знает об этом лучше него.

Те часы и дни, которые текут до некого важного ожидания, когда мы ещё точно не знаем, случится ли чаемое нами или нет – это дни, которые Бог даёт нам для подвига доверия, чтобы мы смогли довериться Ему, что Он всё управит самым лучшим образом. Доверия ещё до того, как Он послал нам желаемую нами радость.

В Ветхом Завете есть такие слова: «Утешайте, утешайте народ Мой». Сам Бог хочет, чтобы мы были утешены Им и друг другом, и когда мы утешаем друг друга по любви, Бог нами утешает другого несчастного человека. Потому что Он действительно желает, чтобы всем было и светло и хорошо.

Авва Дорофей говорит, что «Бог настолько благ, что Он хочет, чтобы мы не хотели ничего из того, что Он попускает». То есть, когда с кем-то случилось несчастье, мы не должны говорить, что такова Божья воля, чтобы он страдал, но должны всё сделать для того, чтобы тому человеку снова стало хорошо. И делая это мы можем быть уверены, что и Бог хочет света и мира для того страдальца, которому мы помогаем.

Впервые я это понял после того, как стал волонтёром областной онкологической больницы одного большого русского города, в котором мне пришлось прожить целый год.

Помню замечательную женщину Валентину, которая каждое воскресение приходила в часовню при больнице. Часовня была освящена в честь иконы Богородицы «Всецарица», перед которой, традиционно, молятся об избавлении от раковых болезней.

Некоторые семинаристы после воскресной литургии посещали онкологическую больницу. Туда же вместе с ними ходили девушки, которые хотели стать жёнами будущих священников и старались выбрать среди семинаристов подходящего человека. Эти девушки справедливо полагали, что добрый супруг человек обязательно будет помогать другим людям. И таких помогающих другим семинаристов они и находили в больнице. В больнице они знакомились, в больнице встречались.

Каждое воскресение мы обходили все больничные этажи, заходили в каждую палату и проповедовали. Мы рассказывали о текущем празднике, общались на религиозные темы. Сообщали, что через несколько часов состоится молебен, а определённого числа этого месяца придёт священник и будет исповедовать и причащать желающих. Если кто из больных хотел причаститься, мы записывали его имя и номер палаты, а потом сообщали священнику.

К больным ходили парами: семинарист и девушка. Только со мной девушки отказывались ходить, и я обходил палаты с другим семинаристом, которого, как и меня, девушки игнорировали. Это обстоятельство нас, конечно же, огорчало, но поделать мы ничего не могли.

В маленькую комнату, где располагалась часовня, приходили очень разные люди, и я видел, как им становится легче жить. За год пребывания в этом городе мы обошли много сотен больных. Как правило, до болезни они не задумывались о Боге, но теперь, в болезни, начинали осмыслять свою жизнь и говорили нам, что хотя бы раз в течении своей жизни замечали, как Господь помогал им. А ведь это сотни людей и сотни свидетельств. Воистину, прав был о. Сергий Булгаков, когда сказал, что если бы народ рассказал о том, что он знает о реальности существования мира духовного, то собралась бы такая гора доказательств, под которой был бы погребён всякий возможный скептицизм.

Только однажды женщина восьмидесяти лет сказала нам, что никогда не ощущала помощи Божией и совсем не верует в Него. Тогда я предложил ей способ, который, как узнал позднее, применяют опытные миссионеры в подобных случаях. Я посоветовал ей обратиться к Богу с молитвой и сказать: «Если Ты есть – откройся мне». Не знаю, как сложилась её судьба. Скорее всего, её уже нет в живых. Но уверен, если только она произнесла такую молитву, Господь не оставил её без ответа.

Молитв без ответа вообще не бывает. Только ответ может прийти не так, как ожидал человек. Господь из всех возможных ситуаций выбирает лучшую для нас и дарит её нам.

Часто Бог начинает действовать не сразу, а когда человек уже потерял надежду на хороший исход, когда по человеческому рассуждению всё должно быть только плохо и ещё хуже. Например: девушка уже несколько лет безуспешно ищет кого-то, кто согласится стать её парнем – неужели она его найдёт? Больной болеет долго – неужели он исцелится, когда по всем прогнозам врачей дальше будет только ухудшение? Работы нет – неужели она появиться? Греховная страсть есть – неужели её не будет? Но Бог даёт нам возможность не просто жить, но жить подвигом. И в обстоятельствах, где всё должно быть плохо, если мы всё равно доверяемся Христу и поступаем по Евангелию, Он входит в нашу жизнь и всё исправляет и управляет самым лучшим и неожиданным образом, а саму нашу жизнь, по крайней мере в этой ситуации, делает нашим блаженством. И когда нам здравый смысл говорит, что для того, чтобы исправить ситуацию, надо согрешить (или согреши или пострадаешь) а мы всё равно поступаем по Евангелию – тогда в ситуацию входит Бог.

Помню одну сорокалетнюю больную раком женщину, в палате которой мы долго говорили о том, что Господь не оставит её. Она верила и хотела надеяться, но болезнь, казалось, брала своё... Тогда я привёл ей пример о том, что такое молитва, и это пример меня самого удивил. Позднее я пойму, что признаком настоящей проповеди или лекции служит то, что Господь в ходе её открывает тебе то, чего ты не знал. Это роднит настоящую проповедь с высокой поэзией.

Я тогда спросил её читала ли она роман Эриха Марии Ремарка «Три товарища»? Она ответила, что читала. Тогда я напомнил ей эпизод, когда главный герой со своей возлюбленной девушкой отдыхают на курорте, и вдруг у девушки начинается приступ туберкулёзного удушья. Герой не знает чем ей помочь и звонит в далёкий Берлин своему другу Кестеру. Позвонив, он говорит всего несколько слов: «Через час мне нужен врач». Найти и доставить врача за такой короткий срок было невозможно, но герой положил трубку уверенный в том, что его друг сделает всё возможное, чтобы врач был здесь к сроку. Так и оказалось…

Это и есть молитва. Ведь когда мы молимся, мы не знаем, как исправить ситуацию, но, можем довериться Господу, что Он сделает всё, только чтобы мы не страдали.

Приведу по этому поводу такой случай, произошедший в нашей часовне.

Свидетель и участник его – священник Георгий В., служивший в этом же городе. В онкологическую больницу он ходил исповедуя и причащая людей, и там встретил юношу лет восемнадцати, который, беседуя со священником, уверовал, надел крест, стал исповедоваться и причащаться. У юноши была неизлечимая форма рака крови, и он должен был скоро умереть. Однажды отец Георгий вошёл в палату со Святыми Дарами в дароносице на груди, и видит, юноша сидит на постели и испуганно спрашивает:

– Батюшка, куда мужик исчез?

– Какой мужик?

– Не знаю, незадолго до вас возник в палате, высокий, весь в чёрном, было очень страшно, и говорит: «Что, умираешь? Не помогает тебе твой Бог? А ты сними вот это (указывает на нательный крест рукой) и мы тебе сразу поможем».

Юноша отказался снимать крест, а когда священник со Святыми Дарами открыл дверь, тварь рассыпалась в воздухе.

Вскоре после этого врачи сообщили его родителям, что мальчик, наверное, умрёт к следующему утру. И родители повезли его на местный источник святой воды, освящённый во имя Богородицы. Наутро врачи, удивлённые, что юноша жив, берут анализы и оказывается, что раковой болезни у него больше нет.

– Чем вы лечили? – спрашивали врачи

Но родители не решились сказать чем, и ещё полгода юношу приглашали в больницу, чтоб понять, как он исцелился.

Много можно привести случаев помощи Божией. Не менее чудесно, чем исцеления, обретение веры людьми прежде не веровавшими. Так, однажды, мы проповедовали в палате, где лежали муж с женой. Они просили нас привести доказательства истинности православия. Тогда я достал из кармана рубашки фотографию святого Амфилохия Почаевского и спросил, видели ли они прежде человека с таким же сияющим и чистым лицом? Муж с женой удивлённо ответили, что ничего подобного они не видели. После этого они охотно слушали наши рассказы о вере…

«Раздай всё и следуй за Мной», – говорит Христос богатому юноше. А что может раздать христианин, который чаще всего и так ничего не имеет, потому что совсем не богат? Он может раздать время своей жизни. Чем больше часов в день он посвятит Христу, тем больше часов в этот день он будет в раю.

Если я, будучи не всемогущ, но всё же имея любимых людей, готов всё сделать для них, то сколько же Бог, будучи всемогущим, желает радости для всех, кого любит. Я хотел бы сделать всё для любимых и внести в их жизнь радость, Бог тоже хочет внести свет в их жизни, и сила Его для этого всемогуща.

В нашей часовне в онкобольнице Господь совершал удивительные вещи. Однажды Валентина принесла к иконе Всецарица в часовню четыре розы и разложила их у киота. Через неделю розы засохли, но у нас не было денег на новые, и мы оставили там эти. А ещё через неделю был праздник иконы Всецарица и когда мы пришли в часовню, то увидели, что три из четырёх засохших роз снова расцвели. Почему именно три? Думаю, во славу Троицы.

Одну из этих роз я привёз в Донецк. С ней связана ещё вот какая история. У меня есть тётя по имени Наталья. Она много лет мечтала иметь детей, но ничего не получалось. Не помогала и врачебная помощь. Только после молитв в Киево-Печерской Лавре она зачала ребёнка. Будучи беременной как-то приехала к нам, и я подарил ей эту чудесную розу, рассказав историю, с ней связанную. Наташа приложила розу к животу и удивлённо сказала, что ощущает «радостное взыграние младенца во чреве» и ещё заметила, что такое у ожидаемого ею ребёнка было только один раз, когда она читала молитвенное правило.

Спустя год волонтёрского труда в этом городе мне пришлось уехать. Тогда я думал, что расстаюсь с такими больницами навсегда. Но спустя время, оказалось, что и в Донецке есть детское гематологическое отделение, и туда тоже нужно ездить…

Детская гематология в Донецке – из всех посещаемых нами больниц место самое трудное. Здесь постоянно приходиться сталкиваться с тяжелейшим родительским горем (матери находятся в палатах рядом со своими больными детьми). Больше здесь мы обращаемся не к детям, а к их родителям. Для родителей читаем канон Богородице, для родителей произносим проповеди. И замечаем, что им нужно утешение большее, чем их болеющим деткам. Многие из них именно в этой больнице приходят к вере.

Впервые придя сюда я не знал о чём говорить с несчастными мамами. Но Господь дал слово и в тот раз я говорил, что всех этих мам понимает Богородица, Которая хорошо знает, что такое страдания собственного ребёнка.

Я понял, что мам больных детей обязательно нужно утешить, дать им надежду. Но как это сделать? Конечно, помогало сочувствие, но нужно было делать что-то ещё. Тогда мы стали предлагать мамам записывать имена их и их детей, чтобы мы подали эти имена священнику на литургию. Так мы и делали. Ощущение того, что они не одиноки теперь в своём горе, но где-то о них будут молиться, поддерживало этих людей.

Часто после совместной молитвы матери оставались поговорить с нами, поделиться болью. Помню одну красивую девушку, у которой заболел ребёнок. Кроме того, дома её постоянно угнетали и притесняли, и она нигде не находила покоя. Нам до слёз было жалко её, и мы обещали молиться и просить всех знакомых священников, чтобы они тоже молились о ней. Мы посылали письма к знакомым старцам и везде просили молитв о нашей новой знакомой. Святой Иоанн Кронштатский когда-то сказал, что правда Божия требует, чтобы молящиеся от сердца были услышаны. И нашу надежду Господь не посрамил. Ребёнок этой девушки пошёл на поправку, а муж неожиданно сменил гнев на милость. С тех пор прошло много лет, но тот покой, который подарил ей Господь, остался с ней, как и внезапно обретённое долгожданное семейное счастье…

Были и другие подобные истории, которые много говорят о милосердии Божием.

Человеку вредит не только гордость, но и забитость, униженность и потеря осознания важности своего бытия. Помогая, Господь дарует человеку ощутить, что он, человек, очень важен для Бога, и сотворён для радости. И радости этой никто не отнимет у нас…

КРЕСТНИКИ И ИНВАЛИДЫ

Моя жизнь сложилась так, что я являюсь крёстным семерых детей. Вот как это получилось. В 2007 году мне очень хотелось быть мамой. В том смысле, чтобы заботиться о детях. Но я не был женат и детей у меня не было. Вот только Господь всё же исполнил моё желание. У меня была подруга – Ксения. Она замужем давно, а детей долго не имела. Её муж состоятелен и она не имела необходимости работать, а время жизни решила тратить на богоугодные дела. Так Ксения стала посещать детскую больницу вместе со мной. Там совсем маленькие дети, многие из которых брошены и ждут распределения в детские дома. Однажды в больницу поступили трое годовалых малюток и через несколько дней их должны были отправить в дом ребёнка. Все они были отказниками и некрещёными. Ксения позвонила нашей общей подруге Лене юристу, и та добилась разрешения от врачей окрестить детей. Мы тотчас позвонили священнику и тот согласился крестить бесплатно. Так, вчетвером, поехали в больницу. Там оказалось, что этой ночью к дверям больницы подкинули ещё одного ребёнка, трёхлетнего весёлого малыша. Конечно, следовало крестить и его. Приехавший священник сказал нам троим, что нужны крёстные и ими сейчас станем мы. Так у детей появились две крёстные мамы: Лена и Ксения. Крёстным, естественно, оказался я.

Один из детей, Никита, был болен гидроцефалией, девочки-волонтёры очень ему сопереживали. Вся его голова была сплошной раной, а священник говорил, что, скорее всего, Господь допустил ребёнку дожить до крещения, а потом его заберёт.

Мы спрашивали, что нам теперь делать с детьми? Ведь, когда их переведут в дом ребёнка, навещать их мы не сможем: туда в нашем городе православных тогда не пускали… Священник посоветовал молиться о детях. Их имена: Юрий, Александр, Никита (с гидроцефалией) и Александр. Помолитесь и вы о них. Я совсем не знаю, как сложилась их судьба, но подаю их имена на литургию…

Однажды я переписывался с прихожанкой храма в далёком городе в России. На вопрос, есть ли у неё какие либо церковные послушания, она ответила: *«Послушаний никаких не выполняю, признаюсь честно, не знаю, выполняет ли кто у нас их, ну кроме певчих, конечно. К сожалению, голоса и слуха у меня нет»*.

Однако, служение церковного человека не может ограничиться только пением на клиросе, продажей свечей и мытьём полов в храме. Не может хотя бы по той причине, что вокруг нас тысячи людей нуждаются в том, чтобы их полюбили. И Господь радуется, когда мы дарим радость тем, кто нас окружает.

Вспоминаю, как это понял мой друг Александр. Он добрый человек много лет страдающий тяжелым унынием. Часто бывало так, что он мог весь день провести в постели и унывать, но однажды решил, что вся жизнь пройдёт впустую, если он никому никогда не поможет. И тут нет разницы – лежит ли человек в постели или работает ради денег – как говорил Рассул Гамзатов: «Если боль других твоей не стала – прожита напрасно жизнь твоя».

Осознав это, Александр пришел ко мне и попросил, чтобы я нашел о ком ему заботиться. Сделать это было не сложно. Всего за год до этих событий моя подруга Лена (с которой мы крестили брошенных детей) родила пятого ребёнка. Всё это время она помогала одной слепой и одинокой старушке, но теперь, после рождения пятого сына, не имела времени этого делать. Она попросила меня взяться за дело, а ровно через год помогать мне вызвался и Саша.

Нужно сказать, что к делу он подошел ответственно. Каждую неделю приходил к старушке, подолгу оставался у неё. Там он читал молитвы и Евангелие, зажигал ладан. Убирал в доме, готовил или приносил еду из магазина. Бабушка очень привязалась к нему и стала звать: «Мой орёл». Конечно, Саша водил её на прогулку и общался. Я заметил, что бабушке стало интереснее жить, когда у неё появился Саша. Тем более, что от родственников она не получала никакой помощи. Напротив, кто-то из её родственников даже сокрушался в её присутствии, что старушка так долго не умирает и нет возможности пока что поселиться в её квартире. Кого-то, быть может, это удивит, но со стариками это обычная история. Сколько раз было так, что мы, волонтёры, сопровождали пожилого человека до его смерти, а от его родных не было ни слуху ни духу. Но стоило этому старику умереть, как тотчас появлялось множество разнообразных родственников, которые смотрели на нас и приведенного нами священника как на врагов – а вдруг мы захотим отобрать у них эту вожделенную ими квартиру…

Работа со стариками на дому – вообще дело светлое и хорошее в том смысле, что для него не нужно особых навыков. Поэтому, если некий чувствительный волонтёр говорит, что не может ходить в интернат или больницу, а помогать хочет, то я всегда предлагаю ему работу со стариками. Хотя и тут бывают сюрпризы.

Так, некоторые пожилые люди могут обладать весьма скверным характером. Это нужно просто потерпеть. Святая Матрёна Московская о таких случаях говорила: «Если вам будут досаждать старые, больные или кто из ума выжил, то не слушайте, а просто им помогите».

Как-то мы попали в квартиру к бабушке, у которой стоял невыносимо тяжкий запах вони. Второй волонтёр не выдержал и вышел на улицу, уже не вернувшись. Я остался, чтобы ей помочь. И подобное в разных формах бывает не так уж редко.

В большинстве случаев старики всегда рады волонтёрам.

Быть может, у вас есть некий особый талант? Попробуйте применить его на радость другим. Так сделал мой друг Антон Р. Он – гений вещей, подобно как Моцарт – гений музыки. О вещах Антон знает всё. На сумму равную трём стаканчикам кофе он способен купить две сумки продуктов. Те вещи, которые стоят по любым меркам дорого, он может доставать чуть ли не за копейки. Непревзойдённый торговец, умелый и умный, Антон решил волонтёрствовать своим, особенным образом. Среди своих многочисленных знакомых он узнаёт, кому нужна какая вещь. Одним обувь на зиму, другим шапка, третьим некий особый сорт чая для своей возлюбленной. Всё это он достаёт и отдаёт тем, кому это нужно. Денег за свои услуги, как правило, вообще не берёт. Антон любит делать подарки, и каждый его подарок поражает знанием того, что именно этому человеку необходимо. Сам он при этом живёт на скромную пенсию, но на эти деньги умудряется содержать старую маму и ездить в паломнические поездки.

Много среди волонтёров светлых людей. Расскажу ещё об одной, чья жизнь дарит радость многим людям. Это замечательный психолог Е.

Метод работы Е. основан на приложении святоотеческого постижения души к конкретному человеку, что каждый раз давало хорошие результаты. За всё время работы Е. ни один человек из тех, кому она оказывала помощь, не остался недоволен. Тонкий и мудрый анализ ситуации, в которой находится несчастный, обращающийся к ней, часто приводил не только к душевному миру обратившегося человека, но даже и к более глубокому осмыслению себя. Так, в одном из случаев, совместив психологическую помощь с постоянным поминанием имени страдающего на литургии, она помогла человеку, не видевшему смысла в дальнейшей жизни, снова ощутить вкус к собственному существованию.

И это – один из многих примеров оказанной ею помощи.

Отдельно отметим её помощь пациентам Старомихайловского психоневрологического интерната, где больные полюбили Е. и ждут встречи с ней.

Каждый её совет уникален. Так, одному человеку, шедшему на встречу с начальником, которого он боялся, она посоветовала молиться: «Господи, покажи мне в этих глазах (глазах начальника) Себя».

А мне она сказала: *«Что может быть правдивее, чем личный опыт. И что может вызывать любовь и уважение лучше, чем искренность?!»*.

По поводу того, что меня много раз выгоняли из дома, и я ничего на земле не имею, она заметила: *«Я б на это сказала, что дом твой здесь повсюду... хотя эдакое положение больше напоминает проживание в гостинице. Зато тем приятнее будет прийти ДОМОЙ. Грусть – прочь! Мы все здесь временно»*.

Некоторым обидчивым людям она советует: «Позволь людям ошибаться в общении с тобой».

Е. старается каждому приходящему показать, что он драгоценен и важен для Бога, а это всегда даёт человеку новые силы жить.

Утешить, понять, принять – вот её повседневное дело. Если она видит, что человеку нечем заплатить за сеанс психотерапии, то не берёт с него денег, хотя одна содержит свою семью: придурочного мужа и двоих взрослых детей…

Такое её служение – это огромный труд. Бывает, что Е. так устаёт, что ей начинает казаться, что она просто умрёт от усталости. Но не смотря на это, она продолжает приём людей, которым требуется её помощь. И число таких людей год от года только растёт.

И много есть удивительных и добрых людей на свете и много добрых, замечательных волонтёров. Ещё одна такая женщина, по имени Татьяна С., которая похожа на солнышко, к которому тянутся все: бездомные, больные, убогие и грустные. Для каждого у неё находится доброе слово и материальная помощь. Каждый день она прилагает труды к трудам, чтобы кормить, одевать и радовать множество стариков, инвалидов и больных людей, ждущих её заботы. Она глубока, прекрасна душой и мудра. При этом всю жизнь терпит страдания. Дикий отчим непрерывно в течении 45-ти лет избивает её, её детей и её маму. Приходится ей терпеть и множество разнообразных проблем с собственными детьми, один из которых тяжело болен аутизмом, а второй – скверный хулиган. Но она умеет радовать и вдохновлять других. Мне часто приходилось видеть, как бедные и несчастные люди искали встречи с ней. У неё на всех хватало терпения, никого она не отогнала и не отвергла.

Меня всегда удивляли её открытость и мудрая простота, за которой стоит глубокий анализ происходящего. Во всех своих невзгодах она неизменно старается разглядеть

Божью волю, ведущую её к свету. Уныние и она – две вещи несовместимые. Никогда я не видел её раздражённой или злой, хотя она, будучи работницей социальной службы, постоянно общается с очень разными людьми, которые могут вымотать кого угодно.

Всё хорошее в моей жизни было связано с благодатью. Каждая большая и малая радость мироздания проистекала из неё. Хорошая книга, общение с другом, спокойный вечер, всем этим человек может наслаждаться только благодаря благодати, а без неё ничего не светло и не мило.

Как бы волонтёр ни старался и сколько бы обязанностей ни исполнял – важно не забывать о том, что мы пришли в этот мир ради стяжания благодати, и путь к этому стяжанию указал Христос в Великий четверг, а именно: частое причастие, как основание и постоянное служение людям. Служение тем, кто нуждается в нашей помощи и поддержке. Образ этого служения Христос даёт Сам, когда умывает ноги ученикам.

Чисто практически это значит вот что: живи сейчас в полную меру добра, на которое ты способен. Не откладывай жизнь на потом. Чехов когда-то сказал, что это «потом» никогда не наступит.

ДОБРЫЕ ИСТОРИИ О ДОБРЫХ ЛЮДЯХ

Детский вопрос
Саша. Мальчик пяти лет. Наблюдает, как мама собирается в магазин.
– Мама, купи, пожалуйста, любви.
– А что, тебе её не хватает?
– Да нет, это тебе её не хватает…

Старушка
Я видел, как старушка шла по одной из центральных городских улиц. Вся в белом, она тяжело опиралась на палку, с видимым трудом ступала по земле, а губы её шептали Иисусову молитву.

И я подумал, кто в чём нуждается больше – бабушка в поддержке, или город в таких молящихся бабушках, без которых ни одному городу не стоять на этой земле.

Богородица и девочка
Пожилая женщина Валентина из Докучаевска рассказала о себе такую историю. Она ходит сознательно в храм последние 5 лет (2013 год), но в детстве имела глубоко верующих бабушек.

Однажды она шла в школу в первый класс и вдруг увидела, как на небе вся в белом стоит Богородица. Владычица улыбнулась и легко поклонилась девочке. Валя закричала: «Бабушка – тётя на небе!!!». И та сказала внучке, что это – Богородица.

История о том, что каждый святой на небе видит нашу ценность и неповторимость перед Богом.

Христос и добрый неверующий
Эту историю рассказал священник Сергий. В 70-х годах жил в Донецкой области некий молодой человек, который ничего не знал о Боге и даже не был крещён. Но он был невероятно добр и старался помочь каждому человеку, кому только было трудно. Давал деньги, утешал, поддерживал. И однажды ему во сне явился Христос и сказал: «Приходи ко Мне в храм». А человек даже не знал, что это Бог, так как никогда не видел икон. Он пришёл в храм и священник его крестил. В храме он увидел икону Христа и сказал: «Его я видел во сне». А через три дня после крещения он умер светло, возвышенно и благодатно.

Святой Николай и студент
В сентябре 2013 года в храме Николая Чудотворца на скале в Святогорской лавре, монах несущий послушание у чудотворной иконы Николая рассказал мне такую историю. Одна мама приехала сюда молиться о своём сыне. Тот поступил в известный Харьковский ВУЗ на юриста. Но оказалось, что вся молодёжь там очень богата и употребляет наркотики или пьёт. Мама молилась, чтобы святой не допустил её сыну пойти по такому явному пути зла. И за все годы учёбы сын действительно не пил и не использовал наркотики.

Молящийся пьяница
Эту историю рассказал мне Саша С. о своём брате. Тот работает в Мариупольском порту и ремонтирует корабли.

Он хороший специалист, но и любитель выпить. Когда выпьет – на работу не выходит и спит. А через несколько дней, когда всё же идёт на работу, с ужасом думает, что его уволят. Всегда проходит мимо храма (хотя внутри никогда не был) и говорит: «Господи, помоги, защити!!!». И его начальник ругает, но не гонит. Так продолжается уже много лет. Товарищи по работе удивлённо спрашивают его: «Тебе что, Бог помог?» с такой интонацией, как если бы сказали: «Ты что – видел Карлсона?». А он им честно отвечает: «Да, Бог помог…».

Посещение храма
Олег С. – знакомый кандидат наук и певец на клиросе. Он преподаёт в университете, и, конечно же, времени у него всегда мало. Когда писал кандидатскую диссертацию, то основным временем написания у него были суббота и воскресение. Но в воскресение ведь нужно идти в храм, и Олег иногда решал никуда не ходить, чтобы больше успеть написать. В такие дни у него получалось написать листа три. Если же он шел в храм, то после службы и спевки возвращался домой к 14.00, но написать у него получалось листов 7-8. Это поражало его – так как по факту времени на написание оставалось меньше, а написать удавалось больше.

Святой Николай и цветы
В городе Авдеевка в храме на источнике святого Николая должны были совершать первую службу. Это было около 2010 года. Все деньги настоятеля ушли на подготовку к празднику. Свечница сказала, что нужно ещё купить вазу для цветов, чтобы ставить её перед иконой святого. Но денег уже не было. Свечница просила хоть небольшую сумму, но не было и такой. Незадолго перед началом службы в храм приехала женщина-прихожанка

с купленной вазой и цветами. Она сказала, что ей приснился святой Николай и сказал: «Купи вазу и цветы и привези ко мне в храм».

Балда

Этот семейный человек жил в Урзуфе в конце двадцатого века. Простой, добрый и физически очень сильный, всю свою силу он употреблял на помощь тем, кто его об этом просил. Если кому надо было рыть фундамент, копать яму, колоть дрова на зиму и вообще выполнять любую тяжелую работу, то люди звали Балду. Таким было его прозвище в этом городе. Прозвище он заслужил за то, что ему никогда не приходило в голову просить людей о награде за выполненную работу. Если ему давали поесть, он был благодарен и этому. Трудился он очень много и мог с раннего утра до поздней ночи помогать другим людям. Денег за это никогда не просил и не ждал. Жители Урзуфа за глаза звали его Балдой, смеялись над ним, но всегда звали на помощь, хотя и не уважали. Рядом с ним всегда было тепло. Он не ссорился с женой, не обижал детей. Когда во время работы ему предлагали отдохнуть, он говорил: «На том свете отдохну». Когда он умер, то даже самые чёрствые мужчины плакали, инстинктивно ощущая, что совсем рядом с ними жила красота, не замечаемая по принципу «Не бывает пророк без чести разве только во отечестве своём и у сродников в доме своём»…

Слабоумный пономарь

Жил в Донецкой области душевнобольной юноша, который служил пономарём в храме. Был он человеком кротким и добрым, никогда никого не обижал и не огорчал. Часто терпел насмешки со стороны людей, которых забавляла его умственная отсталость. Он имел мечту – купить себе что-то хорошее из одежды. Не слишком дорогое, но для человека из бедной семьи – сказочно недоступное. Несколько лет он откладывал деньги на покупку из тех, что получал в храме за пономарство. В конце концов собрал необходимую сумм и, неожиданно, узнал, что у его знакомой заболел ребёнок, а на лечение требуется именно такая сумма денег, которая у него теперь была. Узнав об этом, он отдал все свои деньги матери больного ребёнка.

Причастие атеиста
У Александра С. умирал больной раком родитель. Саша волновался, что тот уйдёт в вечность без исповеди и причастия. Но родитель не желал и слышать об исповеди, обвиняя Бога в том, что Тот готов прощать преступников, если они исповедуются. Саша просил греческого старца Дионисия Каламбокаса молиться о покаянии его близкого человека. Обращался с той же просьбой и к донбасскому старцу Гавриилу Стародубу. Незадолго до смерти родитель проснулся и сказал, что хочет причаститься. Все поразились и спросили «Почему»? Он ответил: «Ночью демоны мучили». Его исповедали и причастили. Интересно, что старец Дионисий сказал, что его родитель обязательно при жизни причастится. Тогда эти слова прозвучали столь неправдоподобно, как если бы древнего человека стали убеждать, что Земля вращается вокруг солнца.

Светлая бабушка
Эта светлая бабушка ходит в один из донецких храмов. От других её отличает детская чистота лица и полная незлобивость. Видя людей она радуется и благословляет их. Кажется, что все другие прихожане – её близкие родственники, настолько она неравнодушна к ним.

Я подошел к ней и пожелал доброго дня. А когда собрался уходить, она поднялась со скамейки и сказала:

«Подождите, скажите, у вас есть деньги на ваш обратный путь?».

Христианину всегда нужен другой человек, но не всегда удаётся встретить такого христианина.

Мнимый больной

С этим человеком я познакомился во время волонтёрского посещения городской психбольницы. Зовут его Владимир. В советское время он был баянистом, но в результате жизненных потрясений потерял разум и заболел шизофренией. От других больных его отличает добрая благодарность по отношению к людям и обстоятельствам. Если спросить его «Как дела?» он неизменно найдёт повод для радости: «Каша сегодня была вкусной», или «Нам иногда выдают сардельку», или даже «Хорошо попить святой воды». Он неизменно заходит в больничный храм и всегда остаётся на молебне. Готов петь другим больным и гостям советские песни для поднятия духа. Не отказывает людям в просьбах, хотя по слабости ума и не может выполнять их. Всю жизнь проводя в больнице он не унывает, а иногда рассуждает о том, как хорошо ему живётся. Однообразие не смущает его, но даёт новые поводы к благодарности: «Тут тепло, тут кормят бесплатно и т.д.».

В Евангелии сказано, что наступит момент, когда последние будут первыми. Глядя на Владимира, мне всегда вспоминаются эти строки.

Духовный Закон

Моя Мама всегда говорит: «Если будешь жадничать, то и самому не будет хватать».

Опыт убеждает нас в правоте этих слов. Так, в одном из храмов, был добрый священник, который постоянно подавал нищим и кормил прихожан. Не смотря на эти траты денег постоянно хватало на всё. Однако свечницы были недовольны таким поведением священника и роптали, говоря, что деньги нужно экономить, а не раздавать кому попало. Прошло время и священника перевели в другой храм. Новый священник не задумывался о том, чтобы раздавать нищим пожертвования. Свечницы ликовали. Но прошло несколько месяцев, и доход храма существенно сократился. Приношений было всё меньше, а потом и вообще не стало.

Это один пример. А вот другой. Епископ Арсений Святогорский как-то сказал на проповеди: «Наше правило – исполнять заповедь Христову о милосердии и кормить бесплатно всех приходящих. Мы это делаем и потому нам на всех и на всё хватает и мы не нуждаемся».

Как мы к людям, так и Бог к нам….

Водопроводчик
Когда к о. Георгию из Докучаевска приходят люди и спрашивают, почему они молятся о чём-то важном (например, чтобы родственник бросил пить), а их желание не исполняется, то священник приводит такой пример. Он говорит: представьте, что вы пригласили водопроводчика, чтобы тот починил вам систему водоснабжения. И он, осмотрев ваш дом, говорит, что тут работы на неделю. Но при этом за работу берётся тотчас. Так и Бог – когда вы Его позвали в молитве, Он уже начал действовать, но должно пройти ещё время, прежде чем Он исцелит больную грехом душу человека, особенно если тот не желает исправляться…

Я много езжу по разным православным храмам, и вижу, какие бывают среди верующих удивительные люди, которые сами не знают, как мудро направляет их Дух Святой.

Мой дорогой дядя

Мы порой не можем оценить всю ту меру поддержки, которую можем оказать другому человеку. Подобно нищему из рассказа Тараса Шевченко, который перед утоплением в последний раз решил испытать на прохожем возможность встретить участие, мы часто встречаем людей находящихся на пределе боли, только они об этом не говорят.

Пока я писал эту книгу, меня дважды выгоняли из дома. Во второй раз выгнали за неделю до моего дня рождения, на который должно было собраться около тридцати моих друзей. Когда я звонил им и говорил, что праздника не будет, несколько моих подруг сказали, что не смотря ни на что приедут ко мне и побудут со мной, пусть эта встреча произойдёт даже на автобусной остановке. Эти их слова поддержали меня тогда, как будто солнце показалось из-за туч. Добавлю, что в тот день, когда я им звонил, мне было весьма тяжело на сердце из-за неопределённости – ведь я снова был изгнан из дома…

Таким человеком, который поддерживал меня в особо тяжелые, детские и юношеские годы, был мой дорогой дядя Лёня.

Все эти годы я молился Христу, хотя и не ходил в храм. Когда я был ещё совсем ребёнком моя прабабушка Татьяна, глубоко верующая православная христианка учила меня молиться, но я тогда этого не понимал и не хотел понимать, потому, что до девяти лет был коммунистом и мечтал о единой коммунистической Земле. Потом прабабушка умерла, а когда мне было лет десять, к нам стали ходить знакомые бабушки Нины – баптисты Дей и Екатерина. Они были баптистами ещё в сталинские годы. Им нельзя создавать семьи вне секты, и они встретились только в 40 лет и поженились. Именно они научили меня молитве «Отче наш» и рассказывали о Боге. Я их слушал.

Бабушка предупредила, чтобы я их слушал только о Боге, а когда они говорят против икон и храмов – не принимал всерьёз, так как они сектанты. Мы вместе с бабушкой каждый вечер и каждое утро молились молитвой «Отче Наш». Представьте, в доме ад, побои, унижения, издевательства, тяжелейшая работа и постоянные притеснения, а мы каждое утро и вечер молились... Я потом читал, что молитва даром никогда не проходит. И она постепенно делала своё дело...

Иногда к нам приходил брат моей мамы, мой дорогой дядя. По традиции древних викингов (7-11 века) воспитанием ребёнка занимались не только родители, но и дядя с материнской стороны, который имел для ребёнка огромный авторитет. Если бы викинги имели честь знать моего дядю – они ещё раз убедились бы в правоте своей традиции. Бард, музыкант, путешественник, филолог, любитель и ценитель хорошей литературы, человек, который открыл мне и «Айвенго» и «День Триффидов» и «Волшебник Земноморья» и «Основателей» и многое другое, он всегда находил для меня время. Он мог говорить о книгах, и я ловил каждое его слово, подобно тому, как пришедший в церковь человек всюду ищет священного. Я ждал каждой встречи с ним, как люди ожидают в больнице священника. Вспоминая его я знал, что на земле есть счастливые семьи, пускай мне никогда не приходилось в них жить. Вдохновлённый дядиной мудростью я воспринимал своё ежедневное страдание как жертвоприношение, где мой покой обменяли на счастье близких людей. Я и по сей день уверен, что тот, кто любит, должен пострадать ради того, кого он любит. Именно это страдание делает любовь настоящей. Если наша боль ограждает радость любимых, то велика цена нашей боли. Матери поймут меня. Ведь и они, испытывая трудность и боль за детей, благословляют то, что терпят. Эту тайну знает любовь. И эту любовь мы можем подарить другим самим фактом присутствия в их жизни. Кто знает, быть может, сказанным вовремя добрым словом вы спасёте погибающего и отчаявшегося. Ведь мой дядя так и не узнал, сколько много он для меня значит.

Само существование человека живущего интересами души и литературы, существование человека, которому было всё равно, что есть, что пить и во что одеваться, говорило о том, что я не один в своём уповании и устремлении. Таков мой дядя. Размышляя над всем, что было пережито и пройдено, я вовсе не хотел подвергать его жизнь разбору. Я только хотел поблагодарить удивительного человека…

ВОЛОНТЁРСТВО ГЛАЗАМИ ВОЛОНТЁРОВ

В современной китайской повести-сказке «Линь большой, Линь маленький» главный герой в течении многих лет вёл дневник. И каждый вечер там появлялась следующая запись: «Весь день работал. Потом хозяин побил меня. Долго плакал, потом уснул».

Такими словами я долгое время мог окончить почти каждый день моей жизни. Но волонтёрство и, вообще, шире, служение другим, делало все страдания ненапрасными. Оно дарило надежду. Наверное, это происходило потому, что сердце того, кто заботится о других, легче различает заботу Господню о роде людском. Всё грустное и тяжелое неизменно вело к радости, и так было не у меня одного, но и вообще у всех, кто стремился к свету.

На земле есть радость добрых дел, но знает её тот, кто их творит. Многие люди удивляются, как волонтёры могут служить больным? Сами волонтёры напротив, не могут представить свою жизнь без своего служения.

И действительно, если из моей жизни вырезать этот труд, то произойдёт такое же опустошение, как если из мировой поэзии извлечь все произведения о любви.

Нечто подобное ощущают все, кто коснулся этой радости – помогать, утешать и дарить.

Любой человек, если только хочет, обязательно найдёт себе дело по душе, чтобы этим делом служить другим. Сколько волонтёров – столько неповторимых историй.

Святой Феофан Затворник говорит, что Бог так располагает жизнь каждого из нас, что мы постоянно окружены множеством поводов к исполнению заповедей и совершению добрых дел. Только нужно быть внимательными и мы это увидим. Другой человек не всегда будет просить нас о помощи, потому что большинство не верит, что им кто-то вообще поможет, обратит на них внимание. Что ж, наше дело убедить огорчённых в реальности добра.

Одна моя подруга Е., хорошая девушка, живёт крайне бедно. У неё, в свою очередь, тоже есть бедная подруга. Как-то они встретились и Е. чтобы поддержать свою подругу, подарила ей книгу с вложенной в неё купюрой. Е. понимала, что если предложить подруге деньги напрямую, та смутится и откажется брать, и она придумала фокус с книгой. Её подруга тоже хотела обрадовать Е. и тоже подарила ей книгу. Каково же было удивление Е., когда, придя домой, она развернула подарок, и увидела вложенные в эту книгу деньги – ровно такую же купюру…

А вот ещё история. Её рассказала Елена П. У неё есть сосед, а у этого соседа погиб семнадцатилетний сын, а потом умерла и жена. Он поехал в другой город её хоронить, и пока ездил, его брат обманом отобрал его дом, а его выгнал на улицу. С тех пор сосед живёт в холодном флигеле и часто голодает. Лена знает, что он стесняется брать еду, если ему её дарить. Поэтому она придумала просить соседа выполнять для неё некие мелкие поручения. Он безотказен и не требуя никакой награды, во всём помогает соседке. Тогда Лена, как бы в благодарность даёт ему целую сумку еды. Сосед радуется, что он в этом мире может ещё кому-то пригодиться, а Лена радуется, что Господь помог ей поступить правильно, чтобы этому отчаявшемуся человеку всё же дать почувствовать, что и он значим хотя бы перед людьми, ибо он не верует в Бога.

Помню, что мои первые волонтёрские шаги начинались с того, что мы с православной молодёжью ставили пьесы в различных интернатах и детских домах. Об этих пьесах стоит рассказать отдельно. Тогда, много лет назад, православной молодёжи в Донецке было мало и почти все знали друг друга лично. Мы собирались вместе, общались, путешествовали по святым местам, ходили в храмы. Но очень быстро мы почувствовали необходимость в неком служении, нам хотелось дела. Конечно, чаепития и совместное паломничество – тоже интересно, но хотелось ещё чего-то. Почему? Мне кажется, что все мы тогда хотели поделиться радостью открывшегося нам Бога. Помню необыкновенный свет тех дней, когда Господь дарил призывающую благодать и весь мир можно было легко увидеть в лучах небесного света. По-разному сложилась судьба тех моих давних знакомых. Далеко не все они и до сих пор ходят в храмы, но обзавелись семьями и совсем перестали видеться и общаться. Самое радостное – это приобретать друзей, а самое грустное – видеть, как друзья уходят из твоей жизни, потому что ваши пути стали совсем различны и вам больше не о чем говорить друг с другом. Не секрет, что бо́льшая часть приходящих в храм людей пришла сюда чтобы решить некую свою проблему. Например, найти мужа или жену. И когда Господь исполняет мечту человека, то человек начинает постепенно отдаляться от Бога. Не словами, а образом жизни, главным вектором своего бытия. Человек ещё ходит в храм, но всё меньше ему нужно подвига, служения другим и преображения, а всё больше личного покоя. А христианство предполагает высоту жизни. В чём эта высота? Святой Макарий Великий сказал, что все необычные способности подвижника, его дары прозорливости, исцеления и чудотворения есть только внешнее выражение того, кем подвижник является на самом деле. Суть же подвижника и его подвига заключена только в христианской любви. И желающие такой любви достигают её.

В общем, большинство тех моих давних молодых знакомых уже давно обзавелись семьёй и в этом увидели полноту возможного для себя счастья. Мне по этому поводу вспоминались слова героини моего сказочного романа «Сага о древней надежде» которая сказала семейной паре: «Вы обрели большое счастье, но как знать, быть может вам могло бы встретиться бо́льшее». Эти слова вовсе не означают, что семейный человек не может служить Богу. Конечно может, но на практике делает это крайне редко. А ведь и семейные люди обретают счастье только тогда, когда начинают радовать других, а не только жену или мужа. Но тогда, в прошлом, я об этом не думал и считал, что все мои новые товарищи так же, как и я, будут всегда служить церкви. Помню, как меня радовала мысль ставить пьесы для больных, ведь я так любил и ценил театрализованные игры. В общем, это было то, что мне подходило и было созвучно моей душе. Именно поэтому меня позвали театральным консультантом.

Трудностей, конечно, было немало. Так, никто вообще не умел играть роль и совсем никто не имел театрального опыта. Важно было подобрать роли, созвучные душевному настрою персонажей. Сами пьесы, которые мы ставили, были совершенно бездарны. Я же тогда только пришел в церковь и считал, что эти пьесы являют собою некую неведомую мне высокую грань искусства. Мне приходилось силой заставлять себя считать их интересными и нужными зрителю. И хотя наши зрители в интернатах с удовольствием смотрели и такую дрянь, которую мы им показывали, я не мог избавиться от внутреннего раздвоения по этому поводу – мне казалось, что раз пьеса говорит о Боге, значит, она талантлива, хотя я ясно видел, что это не так. С тех пор прошло много лет, и за всё это время я не встретил ни одной православной пьесы, которая не была бы совершенно бездарной и скучной.

Составителям этих пьес кажется, что если текст наполнить благочестивыми речами, лампадами, храмами и иконами, то непременно получится что-то красивое. Но ведь ещё Александр Блок говорил, что никаких особенных искусств не имеется, не следует давать имя искусства тому, что называется не так, а чтобы создавать произведения искусства, надо уметь это делать. По этому поводу мне вспоминается история, когда к Жюль Верну пришел молодой писатель и попросил открыть секрет, как писать хорошо. На это классик ответил: «Лучше всего пишите слева направо. А затем ещё, батенька, нужен талант…».

Позднее я понял, что если мне нужны хорошие пьесы для воскресных школ или подобных постановок, то нужно писать их самому, чем я тогда и занялся.

Чаще всего мы ставили с тех пор мою «Сказку жизни» о путешествии Андерсена пришедшего из рая к молодому человеку, который не может понять, почему Господь допустил людские страдания. «Сказку жизни» мы ставили и на православной молодёжке и даже в тюрьме. А один мой знакомый когда стал волонтёром в одной из психиатрических больниц города, поставил её с больными. Актёрами у него были сами пациенты больницы, и зрителями – тоже.

Вот что он вспоминает об этой пьесе и постановке: *«Честно говоря, нам до самого последнего дня не верилось, что пьеса удастся. Первое время с каждой репетицией у нас полностью обновлялся состав. У кого-то обострение, кого-то нейролептиками накачали, а кто-то вообще сбежал. Претенденты на главные роли менялись постоянно. На репетициях мы скандалили, спорили, порой доходило даже до слёз. Благо, врач всегда был рядом.*

Однако, мне кажется, что без подводных камей не обходится ни одно благое дело. Помню, сколько было радости, на репетициях когда кто-то выучивал текст, когда начинали работать над мизансценами, когда появлялся новый участник, а такое случалось часто».

Мне представляется важным, что и семейные и не семейные люди могут равным образом служить Богу. Старец Иоанн Крестьянкин советовал одной незамужней девушке не терять времени и помогать больным. Я знаю некоторых семейных людей, которые, не смотря на нехватку времени, помогают не только своей семье, но и вообще людям. Формы помощи могут быть очень разными: кто-то жертвует деньги своим бедным знакомым, кто-то может подвезти на машине уставшего человека. Мой товарищ Саша С. практикует безвозмездную помощь людям. Он может приготовить им еду, убрать в доме, помочь в огороде. За всё это он не берёт ни копейки денег. Ещё одна моя подруга Лена Ш. по причине многодетности не имеет возможности физически помогать другим, а будучи бедной, не может жертвовать деньги. Но однажды она поняла, что желает утешать огорчённых и теперь ей звонят друзья и подруги. Каждого она выслушивает и старается помочь любовью и поддержкой. Её советы добры, мудры и точны. На всех звонящих у неё находится время. Никого она не оттолкнула и не обидела невниманием.

Другая моя подруга Л. тайно пересылает деньги тем людям, которые, как она знает, нуждаются в этом. Она всегда передаёт деньги через кого-то, и, как Николай Чудотворец, таким образом, скрывает свою благотворительность. Каждый раз её деньги приходят в тот момент, когда люди, их получившие, очень и очень нуждаются в помощи.

Я люблю на рождественские праздники становиться Дедом Морозом для больных детей. Вместе с Леной

П. мы устраиваем для них большой утренник с играми, хороводами и переодеванием их в волшебные костюмы.

Дед Мороз – это как священник для детей. Он добрый, торжественный, вокруг него всегда ощущение чуда, и он точно знает – всех детей в конце концов ждёт подарок…

Чтоб больные дети не боялись Деда Мороза, я обхожу их всех, ласково разговариваю и беру за руки. Не все из них понимают слова и не все могут ответить, но у меня каждый раз рядом с ними рождается пронзительное ощущение драгоценности их для Бога.

Вот Дианочка. Ей семь лет, но она – удивительная красавица, которая многое понимает.

Вот Ванечка, ему уже 18 лет. У него тяжелая умственная отсталость. Он подходит к Деду Морозу и просит погладить его по голове. Тогда он открывается и доверчиво говорит мне: «Я боюсь». Бедный добрый Ванечка. Ты совсем не знаешь, что твои родные защитят тебя от любой беды. Но ведь и я, когда боюсь, тоже могу забыть, что Господь – мой всегдашний защитник. Значит мы равны и в нашем страхе и в нашей надежде. Я глажу Ваню по голове и говорю: «Не бойся». Он успокаивается и несколько раз повторяет: «Не надо бояться».

А вот прекрасный Максим с синдромом Дауна. Сегодня он в костюме мушкетёра. Его мама – актриса, и от неё Максим унаследовал тягу к сказочным костюмам и ролевым играм. Он может сценично изобразить знакомых, свою маму, священников и меня. У него хорошо получается. А ещё он удивительно чувствует чужую боль и если кто-то из детей группы болен – Максим это ощущает и начинает о нём молиться. О своей умершей бабушке Наде он говорит: «Бабушка ушла на икону». Так он обозначает духовный мир.

На таких встречах и праздниках, да и вообще, когда собираются люди, – это самое моё любимое зрелище и событие. Знают они меня или не знают, видели раньше или не видели, у меня рождается к ним чувство родства. И я знаю, если кто-то из них сейчас подойдёт и попросит о помощи, я буду делать всё, чтобы только ему помочь. Мне кажется, что торжество православия рождается и существует именно там, где нам кто-то по-настоящему нужен и важен.

Праздник проходит, а я смотрю как люди расходятся по домам. Они такие красивые, и у всех у них своё горе. Но если даже моё сердце так отзывается на их красоту и боль, то сколь больше Христос любит и жалеет их. И поэтому я гляжу вослед уходящим, и тихо повторяю слова святого Иустина Сербского: «Гляди – человек, – малый бог в грязи. Мой милый, мой любимый брат и вечный собрат…».

Любовь и только любовь может изменить другого. Христианское основание для того, чтобы стать добрым – это научиться дарить близким подлинно высокое отношение. Ведь они этого заслужили. Все старцы и все праведники, которых я видел, подвизались для того, чтобы научиться дарить любовь. О себе они забывали.

Помню, как домой к старцу Гавриилу Стародубу приехала знакомая девушка Виктория с сыном. Все сели за обеденный стол, а её сын, семилетний Илья пошел в туалет. Потом он вернулся и спросил старца, где здесь туалетная бумага. Старец тотчас вскочил из-за стола и воскликнул: «Илюшечка!!! Прости!!! Я забыл!!! Её там нет!!! Я сейчас её туда положу!!!».

А митрополит Владимир Сабодан говорил: «Любовь и служение – вот, что делает нас самими собой».

Цельность души рождается, когда мы хотим чужой радости больше, чем своей. И это – единственное условие христианской радости духа. Мы и каемся для того, чтобы не огорчить любимого Христа, чтобы любить Его чистым сердцем. Каждая наша добродетель, каждый вздох – для всех, и мы тоже для всех. Но тайной силой такого отношения к людям является причастие, токи которого сокровенно наполняют служение.

ПРЕДНАЧАЛЬНОЕ И ПОТОМ

Моя добрая подруга Лена Р. однажды вернулась со встречи православных друзей, и настроение у неё было очень хорошее. Общение с друзьями и людьми незнакомыми, но чистыми и светлыми, произвело на неё такое впечатление, что ей казалось, будто она везёт домой мешок подарков. Случилось это в воскресенье, а в понедельник ей позвонила неверующая сестра, которую угнетали на работе. Лена очень расстроилась и впала в уныние оттого, что она никого не может защитить. Ей стало казаться, что правы её неверующие друзья, которые обзавелись работой, квартирами и машинами, а она, живущая в старом флигеле с мужем сантехником и детьми, носящими подаренную кем-то одежду, заблудилась.

Лена вовсе не корыстный человек, но у неё бывает такое, когда бедная жизнь с благодатью кажется хуже безблагодатного богатства. Она стала звонить подругам, с которыми дружила со школы. Но подруги говорили ей, что для того чтобы выжить, нужно отрастить длинные когти. Уныние Лены усилилось и тогда она решила написать электронное письмо старцу Дионисию Каломбокасу. Была уже ночь, когда она позвонила мне и спросила, какая разница во времени между нашей страной и Грецией? Я посоветовал ей писать тотчас, так как хорошо знаю, что такое до утра мучиться от мыслей, которые перестанут давить только если их раскрыть.

Лена написала письмо, а через 40 минут почувствовала облегчение и поняла, что старец молился о ней. Она уснула, а на утро вся проблема предстала перед ней в новом свете. Она внезапно ощутила, что жизнь человека не зависит от изобилия его имения. Бедная комната, где она жила, показалась ей не равной сама себе, ведь везде теперь была преображающая мир благодать.

Муж сантехник с нищенской зарплатой снова был для неё драгоценен, ибо она увидела, что любовь важнее других сокровищ. Как сказал бы Рей Брэдбери: «У нас не было денег, но у нас были мы».

Она вспомнила православных людей, виденных ею несколько дней назад. И она поразилась, что они все интересны каждый по своему, хотя никого из них нельзя назвать даже человеком среднего достатка.

Благодать – украшение человека, и вкусивший её не желает других богатств.

Нам с Леной повезло в том смысле, что мы воспитывались в советское время, когда ценными были душевные качества человека, а не то что он приобрёл и имеет. У нас у всех, воспитанных в то время, есть здоровое, монашеское презрение к любому стяжанию и богатству.

Мне неинтересны любые магазины. Техника, вещи, товары для дома вызывают у меня только скуку, а вовсе не желание обладать ими. Если мне дарят одежду, я чувствую разочарование. Только продуктовые супермаркеты когда-то привлекали меня, но Господь, допустив острый панкреатит, навеки лишил меня этой привязанности.

Я ценю книги, иконы и фотографии друзей. Но постоянные изгнания из дома сделали своё доброе дело в том смысле, что и к книгам я не привязан. Они – дар мне от Господа, чтобы я служил Ему и другим.

Бывало, ко мне приходили мысли: «Ты не имеешь ни дома, ни девушки, ни вещей, так хотя бы начни копить деньги». Но очередной звонок какого-нибудь человека, попавшего в сложное финансовое положение, или подруги, у которой заболел ребёнок, быстро лечат от подобных мыслей, так как люди нуждаются в помощи, а ты начинаешь лучше понимать, что твоё сокровище, это только Христос в тебе и люди с тобой…

Моя бабушка считала, что её внук должен быть героем, который будет не приобретать, а раздавать. И сколько я жил, столько мне хотелось отдавать: деньги, время и вообще всё. В этом были полнота и смысл, который не могли подарить никакие сбережения.

Даже до церкви и встречи с христианскими праведниками я знал, что человек будет утешен тогда, когда он нужен.

У меня и до церкви было много товарищей, и они приходили ко мне, а я решал чужие проблемы. Из летней кухни я сделал особую комнату. Там по вечерам горели свечи, играла инструментальная музыка, люди приходили туда, чтобы получить утешение.

Многим кажется, что когда мы приходим в церковь, наша прежняя жизнь зачёркивается Богом. Но это верно только для греха, а не всё в нашей жизни – грех.

С самого детства я любил сказки и культуру средневековой Западной Европы. Моей любимой книгой навсегда стал «Властелин колец» Джона Толкиена. Эта книга помогала и помогает мне лучше понимать жизнь, смотреть на мир с точки зрения эпоса, вечности. Когда же я пришел в церковь, то думал, что всё это мне больше не пригодиться. Я, конечно же, ошибался. Так, с первых дней моего пребывания в церкви у меня появился духовный наставник, который был со мною длительное время. То что другие не могут найти всю жизнь мне открылось сразу – опытный священник-духовник. И только спустя много лет другой священник открыл мне, почему так произошло. Дело в том, что я имел глубокое благоговение перед эльфами из «Властелина колец». Моё почтение перед этим светлыми существами было сродни почитанию святых, о которых я тогда ничего не знал. И Бог увидел, что, если бы я встретил эльфа, то стал бы его учеником. Увидел и послал мне учителя духовной жизни, который и стал моим первым эльфом-наставником.

Бог не отнимает то, что дорого человеку, но постепенно преображает его желания и намерения. Образ этого – Евангельский брак в Кане Галилейской, где Христос превратил воду в вино. В православном понимании это означает, что Христос может воду нашей жизни превратить в вино благодати.

Наши дары, способности, таланты – Его подарок. Он даёт новые силы и новое понимание происходящего. Он даёт возможность взглянуть на жизнь с точки зрения вечности.

Если вы ходите в храм, а новая жизнь не открылась вам с течением времени, значит в вашей духовной жизни что-то идёт не так. Но и тут не надо отчаиваться, а просто спросить совета у духовно опытных людей – и они помогут правильно идти по выбранной вами дороге.

Человек должен быть подготовлен к вступлению в храм подвигом своей жизни.

Так, моя подруга Виктория в течение двадцати лет искала истину. Она обращалась к различным религиозным практикам и сектам, но нигде не находила радующий её ответ. Она имела доброе сердце и не жалела денег для нищих. И Господь увидел её старание. Однажды, когда она ходила в секту кришнаитов, то увидела такой сон. Все сектанты собрались на поляне и играли в игры. К ним подошел Христос, Которого видела только Виктория. Христос сказал: «Я стою у ваших изголовий, а вы все безнадёжно спите». Проснувшись, она пошла в ближайший храм, хотя до того говорила, что пойдёт куда угодно, только не в православие.

Теперь она работает в социальной службе и служит церкви. Она посещает инвалидов и стариков. Готовит их к причастию, общается и помогает.

Думаю, Господь подарил ей веру ещё и ради того добра, которое она несёт людям после обретения христианства.

Многое было и в моей жизни, когда Господь дарил новое понимание и новые силы, обновляя моё сердце для подлинной встречи с Ним.

Расскажу немного об этом.

О том, что было

Расскажу об одной заочной встрече, которая произошла в моей жизни много лет назад, когда мой путь церковной жизни только начинался – встрече с митрополитом Антонием Сурожским. Митрополит Антоний — очень значимый для меня человек. Его чудесные проповеди и книги я начал читать весьма давно, когда он был ещё жив. Я только начинал тогда свой церковный путь (да и интернет только появлялся), но когда нашёл в интернете его проповеди на одном старом сайте «Апология здравого смысла», то был потрясён. До этого времени я не думал, что можно так глубоко говорить о важном, с силой подлинной поэзии, с благодатью. Тем же вечером я позвонил другу, ходившему в храм, и сказал, что считаю владыку Антония святым. Друг спросил меня, что случилось, что я так думаю? А я не мог объяснить всю ту красоту слова, пронизанного благодатью, которое тогда открылось мне в творениях владыки Антония. И так сколько-то лет я читал то, что из его статей и проповедей было тогда в интернете. Помню, когда он умер, я очень огорчился, а о. Митрофан сказал о нём: «Старец был…».

И вот с той самой встречи произошедшей за компьютером в библиотеке центрального корпуса Донецкого национального университета, он остался со мной.

Будучи филологом, как и большинство представителей этой науки, я могу отличать животворящие слова от того, что Николай Гумилёв называл «мёртвыми словами» не причастными Духу. И Господь так управил, что первыми книгами о православии, которые я прочёл, были именно живые книги: «Встреча» митрополита Антония и одно из первых греческих жизнеописаний старца Паисия Афонского. В этом жизнеописании было много для меня необычного с точки зрения мысли (я ведь ещё только приходил в храм). Так, например, меня удивила идея необходимости покаяния, обязательного хождения на храмовые службы и некоторые другие вещи. Но с другой стороны, многое из того, о чём было написано как о высказываниях старца Паисия, оказалось глубоко созвучно моему сердцу и я даже удивился, что кто-то ещё на планете думает о важнейших вопросах бытия сходно со мной. И тогда пришла мысль, что если я замечаю правоту старца Паисия в половине книги, то он, несомненно, прав и в другой половине, в идеях далёких от моего опыта.

О Церкви

До прихода в храм я совсем не знал того удивительного восприятия церкви, которое она имеет по отношению к самой себе. И даже придя в храм, я об этом совсем не знал и не задумывался о том, как церковь сама себя определяет. «Символ веры» на литургии был одной из ряда молитв на которых не заострялось внимание. И только спустя полгода хождения в храм мне попалась книга бывшего диакона А. Кураева «Дары и анафемы», благодаря которой я впервые столкнулся не только с православной культурой молитвы, но и с культурой мысли. Это обстоятельство меня тогда и удивило и обрадовало. Оказалось, что церковь имеет своё глубокое понимание бытия и себя самой, о чём я раньше и не подозревал. Человек может принимать этот церковный взгляд, может не принимать, но если он разумен, не может отказать этому взгляду в необыкновенной глубине, на которую не могут претендовать никакие философские системы. И предлагает его церковь не как гипотезу, а как реально существующий факт церковного всеединства. Но в это единство входят только те, кто и в церкви живут Христом.

О Писании

Первые отрывки из Писания я читал задолго до прихода в церковь. Хотя я совсем не знал содержания Библии и не читал её целиком, но имел глубочайшее уважение к написанному и ощущал, что всё сказанное тут – есть некая высшая несомненность. Поэтому радовался, когда мои мысли совпадали с Евангельскими, и недоумевал, когда не совпадали. Подобным было и моё отношение к церкви – как к высшей несомненности, но ходить туда у меня не было никакого желания. И только потом, благодаря молитвам тех, кто обо мне молился, я понял, что привести мысли в соответствие евангельским словам может только личное участие в церковной жизни.

Библию после прихода в храм читал постоянно. Радовался Евангелию и восхищался поэтичной красотой Ветхого Завета, его мудростью, возможностью с его помощью посмотреть на жизнь с точки зрения вечности, охватом жизни Ветхого Завета и внутренней свободой Нового. Сейчас Писание для меня – укрепление. Один мой друг сравнил ежедневное чтение Писания, с приемом пищи. Если не прочёл Евангелие и псалтырь – в сутках чего-то важного не хватает. Это остро ощущает душа. И это – ещё одно доказательство небесного происхождения текстов.

О догматах

До прихода в Церковь я не знал о существовании догматов и святоотеческого наследия. Поэтому очень многие важные вещи, касающиеся смысла бытия и значения человека мне приходилось постигать самому. Некоторые вопросы уже были заданы в мировой литературе и философии, и на них старались ответить мудрецы планеты. Но я видел, что среди этих ответов есть верные, а есть и ложные. На стороне верных ответов было сердце, а на стороне ложных нередко оказывалась академическая наука. И тем не менее верность подлинных ответов от этого не уменьшалась. Только спустя годы я узнал, что на важнейшие вопросы бытия отвечали святые отцы. Их ответы совпали с моими ответами и предчувствиями того, какой должна быть истина. Это и явилось ещё одним доказательством, что человеческая мысль, если следует добру, видит всё единым образом. Как сказал некогда Роберт Фрост: «Итог моих исканий внешне мал – лишь твёрже стал я верить в то, что знал».

О моём крещении

Я был крещён в первые дни после рождения, благодаря маме, бабушке и прабабушке, которые были православными людьми. Но поскольку время было коммунистическое, о вере я почти ничего тогда не знал, а рассказы прабабушки не слушал, так как считал, что они не совместимы с идеологией строителя коммунизма. До 9-ти лет я считал себя коммунистом и мечтал сделать мир светлее и лучше именно на коммунистический манер. В 9 лет я разочаровался в коммунизме благодаря беседам со своим дядей, который симпатизировал диссидентам и многое читал в самиздатовской литературе. Но о факте своего крещения я совсем не думал ни тогда, ни много лет спустя. Только в университете, когда стал ходить в храм, я осознал себя крещёным человеком и понял, что это обязывает к всецелой верности своей любви и полному пренебрежению к тому, что нужно есть, пить, и во что одеваться.

Но что есть таинство крещения я не понимал и не думал, что существует глубочайшее богословие этого таинства в церкви. Только уже спустя год хождения в храм мне попались книги богословов эмигрантов, апологетов неопатристического синтеза. Книга Александра Шмемана «Водою и духом» и стала для меня воротами в понимание крещения. Потом встречались и другие книги. Например «Таинство веры» Иллариона Алфеева. Понимание смысла таинства пришло благодаря текстам патрологов и богословов.

Об истине

Я всегда, сколько себя помню, размышлял над вопросами мироустройства и сутью человека, его онтологией и устроением. «Размышлял» не совсем верное слово, так как я искал ответы, которые были бы созвучны сердечному предощущению истины, которое у меня было. Вопрос существования души для меня с самого начала был решён положительно, когда ещё в 5 или 6 классе моя мама сказала мне, что душа бессмертна. «Я предпочитаю думать, что душа бессмертна», – сказала она. Эти слова поразили меня своей целесообразностью, логичностью и красотой. Тем самым сиянием слов, о котором писала в начале XX века Гиппиус (стих «Сиянье слов»).

События грехопадения мне были известны с детства, но серьёзно о них я задумался уже когда стал ходить в храм.

Помню первое, что меня поразило в православном богословии, что всё, как я себе представлял истину, как о ней думал и какой считал она должна быть – такой она и оказалась в церковном понимании. Моё видение мира совпало с церковным, и так для меня было подтверждено церковное учение. Потом я узнал, что церковный взгляд на мир и человека – есть взгляд множества святых отцов, которые имели единое понимание мира и их понимание совпало с моим, став ещё одним важным доказательством истинности веры.

Мне как поэту и до прихода в храм было совершенно естественно постоянно анализировать свои внутренние движения души. Церковная аскетика дала мне в этом обоснование важности внимания к себе. Ввела чёткую градацию мыслей и чувств. Указала возможность победы над собственным злом. И, наконец, указала на самоё это зло.

Когда я сознательно пришел в церковь, то понял, насколько важно освящение человека и преображение. Священники указали простой и понятный путь – исповедь и причастие. Поэтому я стал ходить в храм, исповедоваться и причащаться. Тогда я, конечно, не читал богословов литургистов, но всё же ощущал, что смысл литургии в причастии. Это всё было естественно и не вызывало ни протестов ни возражений. Исповедь ощущал как важное таинство, но существующее ради конечной цели – причастия, в котором все цели соединены вообще.

О причастии

Впервые осознанно я причастился в храме Александра Невского в Донецке. Это было спустя несколько недель после того, как я стал ходить в храм. У меня был товарищ, который уже несколько лет в храм ходил, и я был внимателен и восприимчив к его советам. Он посоветовал мне причаститься. До него мне советовала причащаться мама, и её совет был мне так же важен. Когда-то раньше я не понимал её именно в этом, и считал её приверженность православию чем-то нелепым, но начав ходить в храм понял, что всё имеющее отношение к храму крайне важно.

Именно мама впервые рассказала мне о причастии. Это было на втором курсе университета и случилось так. Я купил книгу Хампфри Карпентера «Жизнь Джона Толкиена» где прочитал, что этот великий сказочник самой большой радостью считал причастие и если ему не удавалось по каким-то причинам причаститься, то чувствовал себя глубоко несчастным. Меня очень удивило такое отношение любимого писателя к тому, чему я не придавал на тот момент никакого значения. Авторитет Толкиена был для меня велик, как и сейчас, а тут он говорит о каком-то причастии, мне неизвестном. Я спросил маму, что есть причастие? И она рассказала. Меня это заинтересовало, и это было временем некого внутреннего осмысления, внутренней работы.

В другой раз я услышал о причастии от одного товарища толкиниста, по прозвищу Странник. Этот человек снимал отдельную квартиру и постоянно звал к себе в гости молодых людей толкинистов. Его квартира была для многих временным убежищем от различных неприятностей. Он ни на кого не раздражался и за свои деньги кормил множество гостей. Ко всем выказывал родственные чувства. Однажды он рассказал мне, что в детстве родители водили его в храм на причастие. Этот факт я тотчас соотнёс с его необыкновенной для мира сего добротой.

Потом была книга Толкиена «Властелин колец» в переводе Марии Каменкович и с её подстрочным православным комментарием. Так я впервые столкнулся с глубиной христианской мысли, которая поражала и не могла оставить равнодушным.

Впервые я причастился, кажется, потому, что священник спросил, почему я не причащаюсь? И я сказал, что не знал, что мне можно тоже. И он меня причастил, хотя на мне даже креста тогда не было, потому что я не знал о необходимости его носить.

Священник храма, куда я потом стал ходить и где собиралась городская молодежь, много говорил прихожанам о необходимости частого причастия. Так, благодаря маме, Толкиену, товарищу и священнику, причастие вошло в мою жизнь и стало естественным её содержанием.

С самого детства я осмыслял себя как православного человека. Однако совсем не знал, что такое церковь, каков Бог и что у церкви есть своё очень интересное учение. Мне приходилось самому открывать истину и когда я пришел, наконец, в церковь, то с радостью заметил, что моё предощущение истины совпало с тем, как её понимает и церковь. Конечно, было такое, до чего я не додумался. Например, идея покаяния ради преображения себя. Помню, как впервые ощутил себя грешником и меня это очень удивило.

Как увидеть Его заботу

Много лет я преподавал в школе христианскую этику. У меня бывало до 15 уроков в неделю и это помимо множества других дел. Чтобы везде и всюду успевать (а мой день загружен с утра до вечера и без выходных) мне нужно было расписание уроков, совпадающее с другими делами.

Каждый год я приходил к завучу, но не требовал, чтобы уроки были поставлены, как хочу, а верил, что Господь Сам знает, какое мне дать расписание.

И каждый год оказывалось, что это расписание лучше всего подходит именно к текущему году. И конечно, если даже такую мелочь Господь управляет, то в более важных вопросах у нас и волосы на голове все сочтены.

Штрихи к портрету волонтёров
Мне хочется вспомнить некоторых людей, служащих другим.

Знаю одну пожилую учительницу, которая кормит обитающего неподалёку от неё бездомного человека.

Поражаюсь также искренности и детской простоте Татьяны С. Кажется, она существует совершенно вне всякого зла. Она открыта, готова прийти на помощь. Если кто-то потерял жильё, работу или человеческое достоинство – все звонят ей и она не успокаивается, пока не разрешит ситуацию. Бывает, что ей звонят глубокой ночью, и она без тени недовольства приходит на помощь. Когда меня ночью выгнали из дома, я тоже написал ей, и она долго говорила со мной в тот раз. Помню её слова: *Если бы не давал нам Господь знать радость Свою благодатную, то и таких нападок бы не попускал*. Татьяна – это скорая помощь, человек-утешение. Ни о какой чужой беде она никогда не сказала «Меня это не касается». Это её отношение всегда было для меня поразительным примером и укреплением на пути добра.

Саша С. работает на чужих огородах. Вознаграждение его в принципе не интересует, а только факт помощи другим людям.

Ещё одна моя подруга, Людмила, – жена богача, тайно от мужа посещала со мной больную бабушку. И потом, спустя годы, она всё ещё передаёт деньги на питание этой старушке. Волонтёрство и общение помогли ей решить множество внутренних психологических и семейных проблем. До волонтёрства она воспринимала православие как Одно Великое Нельзя, а теперь вера стала для неё радостным даром новой жизни. Эта девушка – удивительная красавица, которой доступно всё, что только можно купить за деньги, но и она чувствует, что жизнь пуста без веры, а вера пуста без служения.

Аня О., которая сейчас сидит дома с маленьким ребёнком, готовит еду для инвалидов и стариков, поручая мне относить угощения. Она много лет ждала своего семейного счастья, а когда дождалась, то не забыла и о тех, кто ещё только ждёт своей радости. Аня – скромная девушка с внутренней силой не отступаться ни перед чем, когда надо помочь тому, кто дорог. Но эта её сила видна не сразу, как не сразу можно узнать в этой молчаливой девушке научного сотрудника одного из Донецких университетов. Она – как особый драгоценный камень, ценность которого видна только опытному ювелиру. Если описать её одним словом, то это будет – верность.

О моей волшебной подруге

Господь каждого создал прекрасным, но наиболее полно мы раскрываемся в Нём.

С Ольгой Дисуненко я познакомился, когда учился на первом курсе филологического факультета. Помню, как меня поразило необыкновенное, живое излучение доброты, которое распространялось вокруг неё. Позднее я узнал, что Ольге приходилось очень трудно. Сирота, испытавшая дома весь спектр обид, огорчений и боли. С самого раннего возраста она видела у себя дома только скандалы и ругань. При этом она верила в Бога и инстинктивно считала себя православной, хотя о Боге ей никто ничего не рассказывал. К началу обучения в университете Ольга уже жила одна. Весь опыт тяжелейших страданий привёл её к тому, что она решила помогать другим людям столько, сколько у неё хватит сил. Ольга говорила, что если ей было так больно, то теперь её долг облегчать жизни людей. Так её боль привела к радости многих её знакомых. Ведь Ольга всю свою жизнь помогает всем вокруг. Сейчас она – мама, имеющая четверых замечательных детей, но и множество семейных обязанностей не отвратили её от необходимости постоянной помощи каждому встречному человеку.

Ещё в университете меня поражала её щедрость. Так, однажды, в моём присутствии она подала нищему в переходе сумму, на которую можно было тогда купить пять хот-догов. При этом она получала скромную стипендию, и была совсем не богата. Господь сполна вознаградил за щедрость – её муж занят важной и хорошо оплачиваемой работой в Москве. Ольга всё так же тратит деньги, помогая тем, кому это нужно. При этом она почти не заботится о собственной одежде и внешности, считая, что пока в мире есть нуждающиеся, её собственные потребности всегда можно отложить в сторону.

Как-то Ольга позвонила мне и попросила поехать в одну из городских больниц, где, как оказалось, умирал от СПИДа её знакомый. Этого человека она встретила где-то в городе и с тех пор решила, что должна облегчить ему жизнь. Она часто передавала через меня лекарства и угощения, ездила к нему сама и всегда находила слова утешения. Но в конце концов он умер, и Ольга на свои деньги похоронила его, так как он не имел родственников, согласных оплатить расходы, связанные с похоронами.

В её доме постоянно живут дальние и ближние её знакомые, которым временно негде жить. Живут и страдающие депрессией, так как в её присутствии им становится легче.

Её дети растут в атмосфере постоянной маминой заботы о людях. Её дом напоминает доброе монашеское общежитие, где каждому находится место.

Я привёл здесь только несколько случаев, связанных с моей волшебной подругой. Она человек, которым я восхищаюсь. Ни мучения, пережитые ею в детстве и юности, ни семейная жизнь не отвратили её от служения Богу и людям. И я верю, пока есть она и такие как она люди, наш мир не будет разрушен.

Как я был толкинистом

Новую церковную жизнь Господь растит, используя, как почву, всю прежнюю жизнь человека. Ничто дорогое и драгоценное не пропадёт даром, но будет преображено и вознесено к небу. И человек, живущий Богом, в свою очередь всякую малость может вознести к Нему. Так приносится в мир новая, прежде не бывшая в нём красота.

Часто бывает, что Бог, зная, чем человек послужит Ему, с раннего возраста создаёт ситуации, помогающие наилучшим образом развить свои дары.

Так, Лена П., с которой мы занимаемся реабилитацией психически больных детей, с раннего возраста сталкивалась с подобными больными. Помню что и на моей улице жил такой больной, когда я был ещё маленьким. Тогда я не понимал его, но и никогда не дразнил, хотя другие дети часто его обижали. Потом он исчез и я думаю, уже давно умер. Как его звали? Не знаю. Но ведь незнание имени не может помешать молитве о том, кого тебе жалко…

Когда мне было пять лет, мама подарила мне учебник по истории средних веков. С тех пор этот исторический период стал любовью всей моей жизни, и я читаю и пишу книги по истории, литературе и культуре средневековой Европы. Позднее я узна́ю о том, что Европа долгое время была православной и прославилась множеством святых, которые служили церкви. В двадцатом веке к православным святым Древнего Запада проявит интерес святой Иоанн Сан-Францисский и с тех пор начнётся в мире изучение их наследия.

Изучение истории церкви может принести человеку радость знания о множестве верных, живших во все времена и на всякой земле. Православие поистине великая вера и о многих православных мы узнаём только из истории и хроник.

Поэтому святой Николай Японский мечтал, чтобы кто-либо написал историю Японской церкви, как историю помощи Божией, чудес и светлых христиан. Он говорил, что когда умрут свидетели подвижников и чудес его поколения, «всё это будет утрачено и вместе с тем сколько назидательности будет утрачено».

Конечно, каждое следующее поколение даёт своих святых. Но знать о тех праведниках, которые жили до нас, это важно.

Приведу несколько примеров.

Когда святой равноапостольный Патрик Ирландский крестил одного из многочисленных ирландских сыновей некого вождя, то, читая молитвы, облокотился посохом на ногу крещаемого. Посох был острым и пробил ногу, а Патрик, увлечённый молитвой, не заметил этого. Когда же в конце концов святой увидел, что пробил ногу юноши, то удивился и спросил, почему же тот не сказал Патрику ничего? На это сын вождя ответил: «Я думал, что это входит в обряд крещения».

Когда святой Патрик рассказал двум ирландским девушкам о Христе, те попросили крещения. Окрестив их, Патрик спросил, чего ещё они хотят? Девушки ответили, что желают, чтобы Патрик молился о том, чтобы они скорее умерли и встретили Христа. Патрик был поражен такой верой этих молодых и очень красивых девушек. Он не решился исполнить их просьбу. Но девушки сами стали молиться об этом. Вечером того же дня они уснули и их души отошли к Тому, Кого они полюбили. Православная церковь чтит их как святых.

Святой Альфред Великий, король Англии, ставил на стол свечу, которая горела 12 часов. Это время он тратил на себя, а другую половину каждого дня отдавал Богу. Он старался каждый день причащаться, так как верил, что только Бог может помочь ему правильно править своей страной.

Святой Беда Достопочтенный в конце жизни теряет зрение. Завистники, чтобы посмеяться над ним, приводят его в пустой храм, говоря, что тут много людей и нужно сказать им проповедь. Беда произносит вдохновенную речь, в конце которой камни храма отвечают ему: «Аминь, преподобный отче».

Святой король Эдуард Исповедник без охраны путешествует к врагам, так как верит, что Господь всегда защитит его, а если и нет, то такова будет Его воля.

Святитель Кутберт, епископ Линдисфарнский, прозорливо узнаёт о том, что некая игуменья по имени Эльфреда больна и не может ходить. Она очень чтила святого, и тот послал ей свой пояс. Прикоснувшись к поясу игуменья исцелилась. Тогда она выставила пояс на поклонение паломникам, но спустя время он сам собой пропал. И Беда Достопочтенный говорит, что пояс пропал, чтобы те из паломников, которые не исцелятся, не обвиняли в этом благость Христову, а винили только своё неверие...

Святой Брендан Мореплаватель говорит своим монахам фразу, которая, выходя за контекст событий, может стать правилом всякого православного человека: «Берегитесь, чтобы вы не потеряли Самого Господа из-за глупого страха перед чудовищем». Он же говорит слова, которые могут быть гимном любого христианина: «Возблагодарите Господа, ибо Он любит вас больше, чем вы думаете...».

Что меня очаровывает в этой древней культуре? Быть может, ощущение эпичности бытия, когда каждая малость видится важной потому что смотрят на неё сверху. Или ощущение сказки с неизменным хорошим концом для всех сил добра? Ведь счастливый конец любой сказки, есть отражение Евангельского счастливого конца нашего мира, который совершится во Втором пришествии. Зло не может победить в сказке, потому что не может победить в жизни. Всякая победа зла – мнимая и временная, и не ей завершится история доброго человека.

Толкинизм, которым я занимался шесть лет, был для меня некоторым продолжением чувства сказочности и чудесности мира. Только тогда я не знал, что наш мир чудесен, потому что нужен Христу. Но ощущение чуда и ненапрасности жизни пронизывало всё вокруг, и им полнился воздух. Теперь я понимаю, что это было некое предощущение благодати.

Для тех, кто не знает, толкинисты – это молодёжное театральное движение, когда люди выезжают в лес, шьют средневековые и волшебные костюмы, мастерят оружие и доспехи и играют в любимые сказки.

Я был мастером, то есть тем человеком, который создавал сюжеты, и писал роли для всех участников.

А радостью было ощущение важности и красоты жизни. Жить было интересно и жизнь наполняло служение, потому что создание игр для меня было служением людям.

Рождало ли ощущение чуда жизни участие в играх? Думаю, что игры только его поддерживали. А рождала его только одна благодать, которую я тогда не умел назвать по имени, но которая радует всех, кто радует других, даже если тот, кто радует, пока ещё не ходит в храм…

Впрочем, тогда я только играл в добро, а придя в церковь увидел, что добром можно жить, и что битва добра и зла из жизни переходит в легенду и сказку.

О Холдене Кофилде, персонаже Селинжеровского романа «Над пропастью во ржи» кто-то сказал, что он хочет быть священником, но об этом не знает. А обо мне можно было сказать, что я искал истинного служения свету, но не знал о Том, Кто есть свет нашего мира.

Был в моей жизни ещё и такой случай с этим связанный. Когда-то, когда был жив её знаменитый Донбасский старец Зосима Сокур, моя мама повезла меня к нему в Никольский монастырь. Я тогда в храм не ходил, но уступив уговорам мамы, в монастырь всё же поехал. На литургию я, впрочем, не зашел, а сидел на лавочке у входа. Мама, выйдя из храма, сказала мне, что старец начал говорить проповедь. Она просила меня зайти и послушать. Я согласился, не думая, что услышу что-то интересное, но и отказать маме не мог по причине глубокого к ней почтения. И вот я вошел в храм. На воскресной службе стояло несколько сотен человек. Но старец, посмотрев в мою сторону, сказал: «Некоторым людям делать нечего. Одни телевизор полдня смотрят, а другие вместо того чтобы Богу служить с мечами по лесам бегают».

Тогда эти слова меня не удивили, так как я не знал, что такое прозорливость. Выйдя из храма, я сказал маме, что старец знает о толкинистах и даже о них говорил на проповеди. Мама сказала, что старец прозрел мою душу, направляя меня на новый путь, а единственным толкинистом в деревенском храме был я, но я тогда не мог ей поверить, настолько это явное сказочное чудо было вне моего опыта.

Оглядываясь назад и осмысляя пройденное я вижу, что служение людям всегда было свойственно мне. Только я, пытаясь найти формы этого служения, не знал, что всё, чего ищу и хочу от жизни, встречу именно в православной церкви.

Чудо и сказка тут встроены в распорядок дня. Необычное в церкви – повседневно, но не затёрто. Смысл и значение наполняют душу пришедшего в церковь. С одним, правда, условием – если обрётший веру живёт не для себя. Святой Исаак Сирин говорит, что совершенство заключено в том, что человек ищет не своей пользы, но пользы ближнего. Из всего, что я видел в жизни, могу заключить, что в этом же заключается и путь к совершенству. Ведь наш рай – это любимый Христос и наши любимые люди, встреча с которыми, однажды начавшись, никогда не перестаёт. Я могу жить для них, а они всегда живут для меня. И это – самое большое чудо из всех, что существуют на свете.

РОЛЕВЫЕ ИГРЫ КАК ВОЛОНТЁРСТВО

Долгое время я думал, что актёрское и ролевое мастерство не пригодятся мне с тех пор, как я пришел в Церковь. Но оказалось, что Господу можно служить по-разному, и волонтёрство тоже имеет разные формы.

Николай Гумилёв однажды сказал Ирине Одоевцевой, что каждую мелочь, которую она знает, нужно принести в стихи. Что-то подобное происходит и с христианином, потому что совершенно невозможно заранее предсказать, когда и какую помощь вы сможете оказать другим людям.

Как-то в Донецке проводилась большая игра для детей. Совершалась она несколько раз в году и на ней было несколько так называемых станций: «географическая», «математическая», «сказочная» и другие. На каждой из них существуют свои специфические задания, выполнив которые ребёнок получает жетончик, который потом может обменять на мороженое или призы. Среди станций была и «Станция добрых слов», но на первой игре никто не знал, какие там задавать задания. Детям предлагалось назвать несколько добрых слов, но всем это казалось скучным. Тогда я предложил сделать эту станцию театральной и мы стали играть с детьми в сказку. Это помогало им лучше осмыслить жизнь.

Сказка всегда трогает ребёнка и помогает ему глубже осмыслить мир.

Театральный элемент оживил и мои уроки в воскресных школах. Я даже создал специальную театральную методику, где ребёнок обучается не через морализаторство взрослых, но в ходе сценического действия, в котором он участвует.

Говоря о театральном методе, я имею в виду не тот случай, когда в воскресной школе ставится пьеса по сценарию, но именно театральный элемент, включённый в урок.

Основанием для введения данного метода в педагогику является его особое воздействие на души детей, сравнимое с воздействием произведений искусства, что вообще свойственно хорошим театральным постановкам.

Разыграна по ролям может быть любая жизненная ситуация, которую учитель хочет обсудить с детьми, притча или сказка. Конечно, учитель должен внимательно подбирать репертуар таким образом, чтобы через пьесу ребёнок получил возможность воспринять некую моральную и духовную истину.

Одним из основных действующих лиц пьесы сценки является сам учитель, он же вдохновляет всю сюжетную линию целиком и говорит, кому из героев, что необходимо сделать в ходе сценки.

Пьеса, разыгрываемая детьми на уроке совсем не должна быть длинной. В большинстве случаев хватает трёх – пяти минутного сценического действия. Особенностью является так же и то, что учитель не рассказывает вначале сюжет целиком, но постепенно раскрывает его в ходе сценического действия, указывая детям участникам, что им нужно сказать и сделать в данный момент. Таким образом, сюжетная линия остаётся до самого конца не известной ни детям-участникам, ни детям-зрителям.

И наконец, спустя время, опыт ролевых игр вылился в сказкотерапию для православной молодёжи. Такая игра на 25-35 человек – является, по сути, маленькой книгой, где каждый персонаж имеет свою историю и характер, вплетённые в общий сюжет. Каждую роль ведущий старается раздать задолго до игры и с учётом характера этого конкретного участника. Для правильного подбора ролей нужно быть хорошим психологом, чтобы созданная тобой роль помогла человеку глубже осмыслить себя самого, свои поступки, взгляды, свой уклад жизни.

Вот что я пишу об этом в предисловии к одной из таких своих игр:

«Что такое ролевая игра:

Это игра, где каждый имеет свой заданный характер, цели и особенности, но не имеет заданной схемы действий. Поэтому каждый персонаж раскрывает свою роль в реальном времени и таким образом, который кажется ему наиболее верным.

Мы с вами будем играть в игру отношений. У каждого игрока есть свои цели и задачи, но смысл игры не только в выполнении их, но в том, чтобы посмотреть на мир глазами своего персонажа. Поэтому очень важен выбор вами ролей, ведь каждая роль нашей сказочно-исторической игры поможет вам взглянуть на себя глазами сказки, глазами легенды. А это и есть глаза сердца, которыми можно усмотреть главное.

На этой игре каждый из вас станет автором своей сказки, каждый будет писать сказку о себе самом и окружающем его мире. Что получится у нас? Каждый пишет, как он дышит, и вы сами в этом убедитесь. Итак, дорогие участники и сказочники сказки своей жизни, мы приглашаем вас на волшебно-историческую игру.

Цель игры:

Цель психологическая. Чтобы участники получили ещё один повод заглянуть в себя, осмыслить себя через призму сказочного персонажа. Ведь легенда помогает яснее видеть и свою жизнь и землю, и всё, что происходит на ней. Если человек идёт к мудрости многие годы, то читатель, автор или участник сказки, получает возможность проникнуть в глубинные основы происходящего и существующего по ходу действия сказки.

При таком подходе к игре важным становится индивидуальный подход к ролям. Поэтому мы просим всех, кто хочет играть, заранее связаться с нами, чтобы мы обсудили вашу роль и ваше участие».

Такая игра одновременно является и произведением искусства и средством психологической помощи, которую она оказывает людям. Игрок получает возможность вернее увидеть себя. Ведь на самом деле каждый из них играет не только роль, но и себя самого, а роль только помогает создать правильный образ души того человека, который её исполняет. Сказочный образ. То есть возможность заглянуть вглубь событий и отношений, в духовный смысл происходящего, который из всех жанров лучше всего являет именно сказка.

Такая игра помогает человеку увидеть главное – добро и зло местами не менялись и человек рождён для того, чтобы служить добру. И путь от служения в сказочной ролевой игре к служению в жизни часто бывает короче, чем кажется…

ВОЗМОЖНО ЛИ ПЕРЕДВИНУТЬ ГОРУ

Однажды моему товарищу Саше позвонил его знакомый Виталик. Виталик, инвалид детства, страдающий ДЦП. Он хотел попасть в воскресение в храм, но боялся идти, так как все дороги тогда были в снегу. Саша вызвался проводить его в храм и обратно. Помню, как перед этим Саша пришёл ко мне и удивлённо говорил: «Кто бы мог подумать, что я ещё кому-то могу быть нужен?». А между тем, он нужен, по крайней мере, своим маме и невесте, которые скучают о нём и всегда ожидают его поддержки и помощи.

Слишком часто, когда мы думаем, что никому на земле не нужны, совсем рядом с нами есть те, кто надеются на нас, на наши силы, умение, таланты, которых мы в себе часто не замечаем.

Однажды Саша встретился с моей подругой Леной Р. Лена, добрая и чистая девушка, произвела на него впечатление. Он, не будучи с ней ранее знаком, специально поехал на книжный рынок и, купив хорошую детскую книгу, решил сделать подарок её сыну. Лена была тронута таким неожиданным поступком и сказала мне, что, когда мы возвращались в тот вечер домой, она всё время хотела сказать ему что-то хорошее, но не знала что.

Как же много добрых дел остаётся у людей только в планах, потому, что они боятся неудачи и неприятия! Люди часто не верят, что могут сделать добро. Поэтому человеку важно доброе доверие к себе, которое основано на том, что Бог верит в нас.

Жизнь по вере всегда наполнена смыслом. Этот смысл человек распространяет и вокруг себя. Это касается любого христианина, который живёт глубоко. Вокруг него всегда существует ощущение сказки, которая сбывается на самом деле.

Когда я прихожу в одну из психиатрических больниц к детям, то они обступают меня, трогают за бороду и спрашивают, настоящая ли она? Тот факт, что борода настоящая, делает меня в их глазах подобным живому Деду Морозу, который пришел к ним из сказки. Что ж, наша вера и есть сбывшаяся, ожившая сказка, произошедшая на самом деле.

Однажды утром я проводил молитву с больными в детской гематологии. Четверо слушали все молитвы и ещё трое, включая детей, заходили и выходили. Во время молебна забежал маленький, наверное, лет трёх, мальчик, в маске и без волос – больной. Увидев меня он обрадовался, стал между мной и иконами и спросил: «Батюшка?». Я утвердительно кивнул и ребёнок остался на молебне. Потом за ним пришла его мама и забрала его. Ребёнок упирался и говорил, что тут батюшка и надо быть именно тут…

Конечно, я не священник, но я пришел сюда как человек церкви, и именно это я имел в виду, когда утвердительно ответил ребёнку. Ведь человек церкви – это чудо нашего мира. Каждый такой человек – это чудо, и дети очень хорошо это чувствуют.

Всем людям Господь дал силу поддерживать других. Если вы наблюдали младенцев, то знаете, что даже они могут радовать других одним своим видом. С годами эта способность может только возрастать. При условии, конечно, что человек её развивает.

Господь всегда поддержит вас в вашем добре. С Ним вся жизнь сложится удивительно, нужно только поверить Богу, Который никого не обманывает. Каждое Его обещание реально.

Помню, как много лет назад мы с Мамой стали служить в храме. Я был учеником тамошнего священника, а Мама его келейницей. Это был 2003 год и каждый из нас получал крайне маленькую зарплату. Никаких других доходов у нас не было. И при этом мы содержали свою семью из пяти человек, где работали только мама и я. Это кажется фантастикой, но нам полностью хватало на жизнь.

В этой копеечной зарплате я даже находил замечательный плюс. Если кто-то из знакомых при мне начинал ныть, что мало получает, я говорил ему, какая у меня зарплата, и её незначимость производила впечатление даже на самых отчаянных нытиков.

Почему нам хватало этих денег? Только потому, что Христос обещал, что если кто будет искать Царствия Божия, всё остальное приложится ему, а слова Христовы не могут не сбыться. Сбылись они тогда и на нашей семье. Мы с мамой всю жизнь искали только неба и Господь всегда кормил нас. Иногда это было совершенно неожиданно.

Так, я до сих пор помню, как однажды ходил по храмовому двору голодным. В тот день дежурила вредная келейница, которая, вообразив, что я её враг, никогда меня не кормила. Мне очень хотелось есть, но не было никакой возможности это сделать. Купить еду я, конечно, тоже не мог. Все деньги у нас уходили на проезд и оплату квартиры, и мы не могли позволить себе совершенно ничего лишнего. Так продолжалось несколько часов. Когда же я уставший и голодный вошёл в сторожку, то к своему удивлению увидел там громадный арбуз. Я подумал, что кто-то случайно забыл его там, хотя в сторожку без разрешения сторожей никто не ходил, а двери туда чаще всего были заперты на ключ. Никто в храме не знал, откуда у нас взялся арбуз. В общем, я наелся в тот раз, а вечером Ангелина принесла ещё какое-то угощение. Она всегда умела прийти на помощь тогда, когда казалось, что уже слишком поздно для любой помощи. В буквальном смысле Ангелина могла прийти даже ночью, чтоб накормить сторожей и священника, который тоже часто не ел, правда не потому, что не было еды, а по причине постоянной занятости.

Много раз я видел, что человек имеет творческую силу преобразовывать всё, что его окружает. Любое дело засияет небом, если мы принесём в него Бога.

Когда священник поручил сторожам вести дневник ежедневных записей, я назвал его «Всемирная история сторожей». Там удивительные заметки о жизни, мире, и о служении церковного сторожа. Помню такие записи: «Батюшкина машина всё время улыбается», «Здесь все делают всё. Никакого разделения труда».

Вокруг этого священника тогда собиралось много молодёжи. Мы оставались сторожить храм большими компаниями. Подобные встречи являлись для нас ещё и ученичеством в христианской жизни. Отец Митрофан всегда выходил к нам, комментировал события нашей жизни. Вместе с нами обсуждал наши увлечения. Когда он узнал о моём толкинистком прошлом, то прочитал сказки Джона Толкиена, чтобы говорить со мной на моём языке.

Многие люди жаловались мне на пустоту своей жизни. Я советовал им молитву и служение, которые всегда могут помочь. Так же советовал и о. Митрофан. Как-то я пришёл к нему и пожаловался, что в тот момент чувствовал себя одиноким. Он ответил мне, что вокруг меня тысячи людей нуждаются в моей заботе. Протянув руку к ним я никогда не буду одинок.

Нам не нужно подавлять в себе желание нести красоту и развивать те дары, которые дал нам Бог. Святой Варсонофий Великий говорит некому мастеру, что Бог радуется о любой красоте, которую мы создаём.

Бог устраивает всё мудро и правильно, даже если мы этого не видим.

Придя в церковь и окончив университет, я стал учеником о. Митрофана и сторожем. Это моё решение означало для всех моих родственников отказ от карьеры учёного и преподавателя.

Я, впрочем, не стремился к такой карьере. Даже поступая в университет на филологический факультет, имел в виду не обретение профессии, но совсем другие цели. Этих целей было две: прочитать как можно больше книг и узнать, для чего люди живут. Мне удалось сделать и то и другое, а Бог управил всё остальное.

Когда в годы учёбы меня спрашивали, кем я хочу быть, то я, вспоминая китайского мудреца, отвечал, что хочу быть дохлой кошкой, так как она единственная на свете не имеет цены… Такие ответы смущали многих людей, но я всегда был уверен, что смысл нашей жизни не в зарплате и не в карьере. «Успехи, утехи, не стоят ни гроша. Ты прав иль нет пусть даст ответ тебе твоя душа». Ещё Конфуций сказал: «Умереть от голода – небольшая проблема, утратить мораль – большая». Никакой герой на земле никогда не жил для себя, а ведь герои – пример для нас… В любом случае мы пришли в этот мир не для того, чтобы устраивать свою земную жизнь. Это слишком скучно и слишком обедняет наше существование. Дать полноту могут только любовь и служение.

Обретя онтологическую глубину я ощутил важность того, чтобы стать учеником человека, который научит меня росту. Тогда только мама меня понимала. Но Господь, видя, что всю жизнь я принёс Ему, очистил мои дары и вернул их мне. Я теперь снова писатель учёный и преподаватель. Раньше этого невозможно было себе и представить. Так и каждого, кто последует Господу, ждёт радость и раскрытие своих талантов и способностей.

Оглядываясь на прожитую жизнь, я часто вспоминаю слова Андерсена. Приведу их здесь:

«Жизнь моя – настоящая сказка, богатая событиями, прекрасная! Если бы в ту пору, когда я бедным, беспомощным ребёнком пустился по белу свету, меня на пути встретила могущественная фея и сказала мне: «избери себе путь и цель жизни, и я, согласно твоим дарованиям и по мере разумной возможности буду охранять и направлять тебя! – и тогда моя жизнь не сложилась бы лучше, счастливее, разумнее. История моей жизни скажет всем людям то же, что говорит мне: «Господь Бог всё направляет к лучшему».

Каждая мелочь в моей жизни имела смысл.

Каждая неприятность и боль обращались в радость. А больша́я боль – в великую радость жизни с Богом.

Если это верно для прошлых огорчений, то верно и для всех последующих. Бог-любовь не может попустить зла любимому. Раньше я в это верил, а теперь знаю.

Однажды перед вечерней службой Крещения я весь день работал – было много церковных послушаний в разных частях города. Вечером пришел на службу в некий храм. Хотел уйти после помазания, но священник сказал остаться и помочь раскупорить для завтрашнего великого освящения воды 1500 бутылок. Нас осталось 8 человек после службы. Я внутренне злился, приходили мысли, что священник поедет домой на машине, а я на автобусе, а ведь я так устал. Потом пришла мысль, что если Бог захочет, он пошлёт машину и я положился на Него. Однако шансов уехать не было. Моя подруга из этого храма Лариса Б. поехала одна и я постеснялся её попросить подвезти меня, ведь она и так очень много для меня делает… Несколько часов мы раскручивали бутылки и уже надо было уходить, как вдруг пришла некая незнакомая девушка и сказала, что едет на Текстильщик, предложив подвезти тех, кому с ней по пути. Я был поражен, как Господь управил всё, дав в начале мне возможность понадеяться на Него…

Подобных случаев можно привести много.

Чем больше человек трудится для Бога, тем больше ударов ему старается наносить враг рода человеческого, и сам, и через людей.

Мне приходилось сталкиваться с завистью, злостью, предательством и насилием. Пришлось узнать, что такое страх. Но живое ощущение Бога и доверие Ему дают безопасность, когда ты ощущаешь себя ребёнком на руках у матери. Когда знаешь, что Бог не может подвести и обмануть. А Он всегда пошлёт в твою жизнь друзей для которых ты и общение с тобой будет радостью.

В трудные минуты я говорю себе: Бог знает, что делает.

Всякая боль остаётся в прошлом, а всё настоящее будет с нами, так как оно – от Бога.

И второе, что укрепляет в жизни – это чувство церкви. Знание, что миллионы подвижников на небе, и все добрые люди земли – на твоей стороне. Я всегда говорил, что знать о такой поддержке, это как ходить по опасным районам города в сопровождении стада мамонтов…

Богословы трудились, поэты творили, мученики умирали, и рыцари сражались не напрасно – они все теперь с тобой, они с каждым твоим добрым поступком. Бог придаёт неслыханную силу человеку. Он и все праведники земли верят, что вы не подведёте их.

О ТРИЖДЫ ИНТЕРЕСНОЙ ЖИЗНИ

Замечали ли вы, как интересно и светло жить на свете?

Всю мою жизнь не смотря на множество разнообразных огорчений и трудностей мне казалось, что жизнь – удивительный подарок. Господь даёт нам возможность украшать всё, чего мы только касаемся. Нести в мир новую красоту – это подлинно райский труд. С самого раннего возраста я понимал это. Мама и бабушка всегда говорили мне, что трудиться ради своего обогащения или карьерного роста – это впустую тратить время, впустую тратить драгоценную жизнь. Поэтому всё, с чем я соприкасался, я старался сделать хорошим и светлым, таким, чтобы оно принесло кому-нибудь радость.

В старших классах школы я увидел, что моим друзьям не хватает интересных занятый. Тогда я стал писать для них ролевые настольные игры по прочитанным нами книгам. Сюжеты их всегда были историческими и волшебными. Мне как сказочнику было где развернуться и попрактиковаться в создании миров – образов нашего мира. В таких играх рисовались карты, сочинялись страны и персонажи. Каждый такой мир существовал в своей истории, которая так же писалась тогда для игры. Думаю, из каждой такой игры мог бы получиться фантастический роман, вот только я никогда не писал фантастику, а писал сказки.

Такие игры тянулись много месяцев, на радость всех нас. Мы проводили их на уроках, переписываясь там, где необходимы были разговоры, собирались дома у кого-то из нас и продолжали играть. Параллельно с играми мы старались освоить интересующую нас историю и культуру средневековья. Мы сами шили исторические костюмы, делали из дерева мечи, а из лёгкого металла доспехи.

Помню, как однажды мы вчетвером собрались после уроков в классе. Кто-то из нас должен был дежурить в тот день и мы, дождавшись, пока все уйдут, достали приготовленные мечи и копья, и начали упражняться в фехтовании. Упражнения быстро переросли в масштабный поединок. В пылу боя мы забрались на парты, и прыгая по ним, искусно наносили и отражали удары деревянными мечами. Мы думали, что мы в школе одни, но случилось так, что в тот день директор школы по какой-то причине задержалась на работе. Услышав шум, она вошла и увидела шестерых учеников изображавших средневековых воинов из придуманной мною игры. Директор была так поражена, что даже не нашлась что сказать. Впрочем, мы ведь никого не обидели и не огорчили, а только старались жить интересно и творчески.

С тех пор я задумывался о том, что жизнь всякого человека может протекать по-разному. Она может вдохновлять его, а может и быть некой непосильной ношей, скучной обузой. Чем больше в жизни развлечений, тем она оказывается скучней.

Всё блаженство, весь рай содержатся в моём сердце, но ключ к ним – это Другой и другие. По мере того, как растёт моя жертва ради моей любви, растёт и мой свет, расту и я. Другой и другие во мне – вечный и подлинный рай, потому что и рай небесный есть Другой и другие, соединённые в вечной любви, которая никогда уже не пройдёт.

Как-то одна семейная пара подвозила меня на лекцию, которую я должен был проводить в одном из городов Донецкой области. Они завели разговор о том, что чувствуют себя не реализовавшимися в жизни и от этого сильно страдают. У каждого из них были большие способности, но они боялись перемен в своей жизни и считали, что семейная пара должна сосредоточиться целиком на воспитании ребёнка. Впрочем, они всё же ощущали, что воспитанием не может ограничиться жизнь человека. Их интересовало, что им делать. Я посоветовал им работать не ради заработка, а для того, чтобы делать то, что близко сердцу, и таким образом украсить своим трудом мир. Жена согласилась и захотела этого, а муж сказал, что работать не ради заработка невозможно.

Что ж, человек сам выбирает, что делать ему на земле. Он выбирает, гнаться ему за деньгами и тем самым обесценивать свою жизнь, или делать то, к чему лежит его душа.

Я не стал тогда говорить мужу, что работать не ради заработка всё же возможно. Не сказал, что никогда, даже в те годы, когда я получал зарплату сторожа, не работал ради зарплаты, но только ради служения и умножения красоты.

Когда человек служит, его жизнь полна смысла и интересна. Жизнь такого человека становится значимой и цветной. Не нужно бояться материальных трудностей – когда мы заботимся о небесном, Христос, исполняя Своё обещание, заботится о нашем земном.

Мне всегда было интересно жить, и когда я был церковным сторожем, и когда стал писателем и преподавателем.

Конечно, цвет и красоту жизни придаёт благодать, а служение сокращает потребности. Многое из того, к чему привык современный человек, является излишеством.

Дорогие телефоны, планшеты, игровые компьютеры – всё это на самом деле ни к чему не ведёт, даже к счастью.

За всю жизнь я не купил себе ничего из одежды, и никогда не страдал по этому поводу. Всё, что я носил и ношу, было мне кем-либо подарено. Причём Господь каждый раз управлял так, что когда, допустим, куртка или туфли приходили в негодность, мне тотчас дарили новые. Причём дарители, как правило, не знали о моей проблеме, но знал Господь, и этого оказывалось достаточно.

Когда я серьёзно заболевал, мои друзья оплачивали услуги больницы. Когда я не мог ничего есть, кроме очень дорогого заменителя еды, моя подруга Л. покупала его мне. Каждый раз Господь заботился обо мне лучше, чем это мог бы сделать я.

Богатство никогда не приносило ни радости, ни глубины. История награждает богачей только насмешками. Так, например, для нас нелепо мнение древних кельтов о том, что свиноводство настолько важно, что только герой может им заниматься. То что приносило богатство кельтам, кажется смешным спустя века. Но и с точки зрения христианства собирание богатства нелепо – ведь человек тратит на это недолгую жизнь, данную ему чтобы научиться любить божественно…

Служащий человек начинает жить интересами того, кому он служит. Деньги ему интересны только потому, что их можно отдавать. Такая позиция выводит человека из привязки к материальному, освобождая силы его души для преображения, творчества, радости и, в конечном итоге, для любви.

Если даже о язычнике неоплатонике Прокле ученики вспоминают, что он не интересовался ни ценами, ни политикой, но только самыми глубокими вопросами человеческого бытия, то сколько больше эта черта должна присутствовать в жизни христианина. Жизнь мира с её суетой и волнениями проходит вне христианства. Христианин живёт в реальности Царства Небесного, он – гражданин Церкви, а не некой конкретной страны. Его семья – все единомысленные братья и сёстры, а не только родственники по крови. Эту мысль, это состояние души Киприан Керн выразил так: «Мне, право, безразлично, сколько стоит доллар».

Содержание сердца христианина – встреча со Христом, ему важнее всех событий мира. В жизни общества он участвует как утешитель и творец новой красоты. Страны, нации, правительства смертны, но каждый из нас будет вечно. Будет, если вечность Царствия станет содержанием его земной жизни…

Руссо говорил: «Сострадание – источник всех благородных порывов и добродетелей. Даже дружба – результат сострадания». И действительно, в нашем мире любить – это значит жалеть.

Жизнь христианина – есть постоянное чувство праздника. Этого благодатного ликования о жизни не в силах омрачить ни искушения, ни постоянная борьба со страстями, ни личные обиды. В благодати хорошо видится драгоценность жизни и чужой, и собственной.

Важно то, что любой христианин, имеющий благодать, может ею делиться. Не секрет, что большинство людей и даже многие христиане живут в унынии, депрессиях и страхе. Подарить им благодатную радость – это по-настоящему драгоценный подарок. И тут открывается ещё один повод борьбы со страстями – чем больше благодати будет у нас, тем больше мы дадим её тем, кто страдает и кому невесело жить. Благодать отвлечёт их от заботы, что есть, что пить и во что одеваться. Благодать подаст чувство значимости их жизни. Она подаст смысл и укажет путь. Это и будет настоящее утешение.

Служение другим обогащает и нашу жизнь. И обогащает именно благодатью, в которой заключено блаженство всех блаженств. Мне много раз приходилось видеть, как волонтёрство давало людям силы и радость, даже если они до этого унывали.

Давало оно силы и мне. Как-то я шел по улице и встретил знакомую, Ларису Ц. которая сказала, что собирает деньги на персональный компьютер молодому инвалиду. Её слова так растрогали меня, что я протянул ей всю свою зарплату. Для меня это огромные деньги. Я даже испугался, что скажу маме, когда она спросит, где моя зарплата? Но как только я отдал эти деньги, то ощутил ни с чем не сравнимый свет и обрадовался, что Господь видит меня и видит мои дела. Тот благодатный свет, которым Он воздаёт за наше добро, ценнее всех сокровищ этого мира. Думаю, каждый, кто помогал другим, со мной согласится.

В Евангелии есть удивительная обязанность – друг жениха. Это друг души на её пути к свету. Друг души – вот настоящее дело для христианина.

Знать, что ты нужен людям, что ты можешь им помочь, что тебя ждут и помнят – это настоящая радость. Святой Николай Сербский говорит, что если мы хотим узнать настоящую ценность своей жизни – мы должны спросить, сколько людей не могут жить без нашей заботы. И у него же есть слова, что король спросит короля «Сколько слуг тебе служит?», а Бог спросит тебя «Скольким людям ты помогаешь?».

Если жизнь проводить не для себя, то оказывается, что это и есть самое интересное и глубокое времяпровождение. Жизнь полна творчества, вдохновения, поводов к тому, чтобы приносить красоту в мир и в глубины своей души.

Наша жизнь может быть полна. Но наполнить её может только причастие Богу и жизнь для других.

О ПУТИ К РАДОСТИ

Когда человеку тяжело и трудно, когда он чувствует себя усталым, отчаявшимся и одиноким, он ждёт того, кто избавит его от беды и боли. В эту минуту оказывается, что Господь даёт нам возможность превратиться в того, кто избавит ближнего от страдания.

Возможно вы думаете, что избавить другого от боли не в вашей власти. Конечно, есть много такого, чего мы сделать не можем. Так, как бы мы ни хотели, инвалиды останутся инвалидами, бедняки бедняками, а больные весьма вероятно будут болеть и дальше. Но Бог не требует от нас того, чего мы сделать не можем. Попробуйте делать то, что в ваших силах, и вы увидите, что этого бывает достаточно. Даже малую помощь, даже просто доброе слово, которое мне говорили в минуту беды и боли, я запомнил на всю жизнь. Думаю, так же было и у вас. Точно так это и у всякого другого человека. Мы вовсе не бессильны перед чужой бедой. Если мы не можем изменить ход инвалидности или боли, то можем помочь человеку изменить своё отношение к ней.

Святой Марк Эфесский говорил, что причина всех наших страданий находится в наших мыслях. Помогите страдальцу изменить отношение к проблеме и ему будет легче жить.

Одна моя подруга по имени Виктория долго страдала потому что не имела жениха. Казалось, даже волонтёрская работа ей не помогала. Это, однако, было не так. Господь посылал ей женихов, но она всякий раз отвергала их. Что же могло утешить её? Осознание, что она может понравиться человеку. И ведь её жизнь ещё совсем не окончена, а наоборот, только начинается (она ещё совсем молодая девушка). Правильный подход к проблеме, анализ мучающей мысли, могут помочь любому человеку.

Мы занимаемся со слепой бабушкой по имени Валентина. Регулярно навещаем её и оказываем всякую помощь. И каждый раз, когда бабушка ожидает нашего прихода, она боится, что мы бросим её и не придём больше. Так продолжается много лет. Каждый наш приход для неё радостен, но унылые мысли не покидают её. Каждый раз мы говорим ей, что будем с ней до самой смерти – её или нашей. Она успокаивается, видя, что мы честны, но стоит нам только уйти, как продолжает бояться до следующего нашего прихода. Обратите внимание на этот случай. Мы действительно, намереваемся помогать ей всю свою жизнь. В чём же причина её страдания? В её мыслях. Легко заметить, что все эти мысли никак не соответствуют действительности. И продолжают мучить её.

Что же делать? Просто поверить, что никакие мрачные предчувствия не имеют силы. Они не реальны. Они не могут омрачить нашу жизнь, и привести нас к беде. Поэтому святой Амвросий Оптинский советует не верить никакому мрачному предчувствию, каким бы реальным оно нам ни казалось. Мы не в силах предугадать того, что готовит нам Бог. И всё же мы знаем, что всякое событие, которое Господь введёт в нашу жизнь, Он введёт по любви Своей. За всю историю мира не было ещё того, чтобы Он подвёл доверившегося Ему человека. Он не подведёт и вас.

Вы спросите – как мы успокаиваем слепую бабушку? Каждый раз приходя к ней заверяем, что придём снова и будем приходить всегда. Так и Бог готов постоянно утешать нас всех, но Ему будет легче если мы и сами приложим усилия, чтобы отогнать недобрые мысли. Благо в аскетической традиции есть немало способов победы над такими мыслями. И в первую очередь тут важно не оставаться с ними одному. Раскройте их священнику. Раскройте тому духовному человеку, которому вы доверяете. Вы получите неоценимую помощь.

Конечно, христианская жизнь, это не только радость, но и труд. Один опытный священник из Донецкой области говорил нам, что бывают таким тяжелые моменты связанные с нападением врага рода человеческого на душу, что почти нет силы и жить, но каждый раз он преодолевает всю боль и замечает, что она служит к его большему возрастанию и преображению. Так бывает у каждого человека. Посмотрите сами, прочтите жития – никогда ещё человек доверившийся Богу не погиб, но пройдя период испытаний, приходил к свету и радости ещё на земле.

Эта радость не зависела от внешних факторов, но целиком являлась плодом благодатного мира, ради которого и трудился человек. Причём плоды труда каждый получал тогда, когда начинал искать радости для других.

Почти никто, из обретших счастье, не представлял, что его жизнь сможет быть счастливой.

Часто нам кажется, что если только в нашу жизнь войдёт некое событие, если мы получим желаемое, то непременно, будем счастливы. И только потом, получив желаемое, мы узнаём, что это не так.

У меня несколько сотен знакомых девушек. Все они время от времени жалуются на жизнь и ищут утешения. И я заметил, что половина и них жалуется на то, что у них нет мужа, а другая половина жалуется, что у них есть муж, а счастья всё ещё нет.

Те же из моих подруг, кто всё же пришли к семейному счастью, сделали это невзирая на множество сложностей. Все они не богаты, но это не останавливает их в поиске единосердечия с близким человеком.

Когда-то и мне казалось, что если только меня перестанут бить дома и выгонять на улицу, если только я смогу найти девушку, то, конечно, буду счастлив. Но годы шли, а меня всё так же продолжали бить и выгонять. Годы шли и тринадцать девушек отказало мне, когда я предлагал им встречаться. А мои наставники старцы, которые могут вымолить для человека любую радость, были уверены, что я должен вынести из сложившейся ситуации некий урок, который послужит моему преображению. И постепенно я стал прислушиваться к этому их мнению. Я стал сосредотачиваться не на том, чего у меня нет, а на том, что есть. И я увидел, что ситуация постоянных издевательств дома, от которых никак невозможно защититься, есть наилучшая школа для того, чтобы научиться прощать человека. Помню, как много лет назад ко мне впервые пришли добрые чувства к моему обидчику. Тогда меня это потрясло. Я не мог себе и представить чего-то подобного. Но Господь делал так, что постепенно я смог молиться об этом человеке. Если раньше я не хотел бы видеть его рядом с собой даже в раю, то теперь захотел его спасения.

Я понял, что Господь, когда желает спасти некого злого человека, то посылает в его жизнь тех, кто станет в ней Божиим присутствием. А это значит, что такой человек приобщится великой боли ради того, чтобы злой человек был спасён. Как это возможно? Так что своими добрыми качествами мы обязаны и нашим мучителям тоже. И поэтому, когда земная история окончится и Христос призовёт всех к Себе, я смогу сказать об обидчике: без него я бы не вырос в то во что вырос. Без него я бы не смог так жалеть людей. Ты, Христе, молился о распинавших Тебя. Верю, что Твоя молитва была услышана. И теперь я молюсь о том, кто минуту за минутой отравлял мою жизнь, кто был такой страшной причиной моей боли и страхов.

Что же касается того, что все девушки, в которых я влюблялся, отказывали мне, то постепенно я стал понимать, что каждому христианину, и мне тоже, Господь дарит множество единосердечных людей, которые любят нас так, как будто они вышли за нас замуж. Множество таких сестёр христианок Господь привёл и приводит и в мою жизнь.

Да и как бы я объяснил девушке (если бы она появилась) что и её и всех своих сестёр христианок я буду любить равной любовью? Как бы уговорил её не препятствовать раздавать всё мною заработанное бедным и нуждающимся? Как бы убедил вместо похода в кафе совершить обход психоневрологического интерната? Думаю, что всё это было бы невозможно. И Господь, зная это, избавляет меня от возможных неприятностей и непонимания.

Одна моя близкая подруга как-то сказала мне, что я не смог бы замкнуться на одном человеке (одной девушке) так как ощущаю необходимость принять в своё сердце множество людей. Не думаю, что какая-то девушка бы это долго терпела…

Я верю, что именно в православии возможна любовь с первого взгляда. В том смысле, что, встречая новых людей, я радуюсь им и они входят в мою жизнь, оставаясь в ней навсегда.

В конце концов, Господь идеалом отношений определил именно церковь. И в церкви мы находим тех, кто становится нашей семьёй. Это сложно понять тем, кто не испытывал такого родства. Но каждый человек церкви знает, его близкие – это великое множество людей, которые нужны так же, как и родные по крови.

Осознание этого дарует радость. Жизнь церкви устроена так, что человек однажды понимает, у каждого из тех, кто страдает, есть он, и он должен сделать всё, чтобы другой человек не страдал.

Как-то, идя на урок христианской этики, который я проводил в одной из школ Донецка, я встретил нищего. Он обратился ко мне со словами: «Я не пьющий. В силу моего возраста прошу мне помочь. Я хочу кушать». Этот человек почти не ждал помощи, и уж во всяком случае, не ждал сочувствия. Я остановился и стал говорить с ним. Конечно, дал ему денег на еду. С тех пор каждый раз, когда я встречаю его, выслушиваю, что он мне скажет. Ему, похоже, совсем не с кем говорить. Больше чем от нищеты он страдал от того, что не чувствовал значимости своей жизни. Как вернуть ему ощущение того, что он нужен? Для этого нужно было обратить на него внимание и всей душой сострадать ему. Каждый человек хорошо чувствует отношение к себе. И этот человек впервые за много времени ощутил, что и он тоже важен.

У православных есть ещё одно средство помощи человеку – это молитва о том, кого нам жалко. Современные подвижники и святые отцы (Силуан Афонский) считают, что, когда нам жалко того, о ком мы молимся, в его жизни всё будет хорошо.

По этому поводу мне вспоминается пример моей доброй подруги Наташи К. Эта совсем молодая девушка при нашем первом знакомстве поразила меня тем евангельским качеством, о котором Христос сказал быть как дети. Она сочетала чистоту и способность духовно осмыслять события.

И при этом она страдала от того, что была не замужем. Мы быстро подружились, и я всегда старался утешить её. При этом я каждый раз говорил: «Ты золотая девочка, и у тебя всё будет хорошо». Конечно, я не знал, как и что будет, но верил, что Господь никогда не оставит такого светлого человека. Наташа, впрочем, тоже не сидела сложа руки. Несколько лет она служила со мной в волонтёрском движении. Посещала психически больных, несчастных детей, устраивала праздники для детей здоровых. И Господь, видя её усилия, наградил её добрым и хорошим человеком. Она вышла замуж. Но волонтёрство стало теперь для неё насущной потребностью. Наташа ждёт, пока чуть подрастёт ребёнок, чтобы иметь возможность снова посещать больных. Её муж тоже хочет ездить с ней, что встречается крайне редко. Наташа, девочка из бедной семьи, рано ставшая сиротой, которая не верила, что Господь поможет и ей, пришла к своему счастью. Каждый, кто знает её, может уверенно сказать, что она его заслужила. И теперь, когда Наташины подруги жалуются ей, что они не замужем, она советует им в период *собственной боли помогать другому человеку*. Помогать, не взирая на то, что тебе тяжело и плохо. Это не только привлекает помощь Господню, но и помогает преодолеть боль, пока помощь ещё не пришла.

Мы можем подарить другим ощущение того, что они нужны. Но в результате и сам волонтёр начинает видеть, что он тоже значим. Волонтёрство, и вообще, доброделание, даёт доброе и здравое ощущение собственной нужности. Оно даёт чувство ненапрасности собственной жизни. Оно даёт человеку стать руками Божиими для тех, кто сейчас страдает. Оно делает человека тем, кто радуется собственной жизни и действительно хочет жить.

КАК ИДТИ ДОМОЙ

Изгнание и благословение

Ничего из того, что Господь допускает, Он не допускает просто так. Старец Паисий Афонский даже говорит, что Господь попускает некое зло потому, что из него выйдет сразу три-четыре добра. Даже факт того, что меня постоянно изгоняли из дома, служил мне на пользу. Это учило меня не привязываться ни к вещам, ни к жилищу, а все силы сосредоточить на служении Господу. Если бы у меня было на земле спокойно место в неком доме, то я хотел бы больше времени проводить в нём, а так своего угла у меня нет и проблем нет.

Когда я жил в изгнании (в тот раз оно продолжалось год) то я находился в неотапливаемом домике и меня кормили друзья. Очень понимаю выражение: «Деньги – это кровь бедняка». Помню радость, когда после очередной недели без еды приезжала мама или подруги и привозили сумку продуктов… Но зато теперь, если у меня появляются деньги, я знаю, какая это радость – купить еду тем у кого её нет. Это, пожалуй, тот случай, когда деньги могут вызывать справедливый восторг.

Просто у кого-то нет ног, а у меня никогда не было дома. «Ведомые облаками славы мы приходим от Бога, и Он – наш дом», – говорил Вильям Водсворт.

А одна моя подруга замечала: *«Сегодня вообще осипла! Теперь могу петь песни завораживающим низким голосом».*

В общем, выбор за нами – мы можем мокнуть под дождём, а можем под ним гулять.

Я вообще заметил, что Господь оставляет нам некую трудность (обиды, болезнь, безденежье) до тех пор, пока мы не получим от них максимальную пользу. Но при этом Он утешает нас всеми другими обстоятельствами. Христос поступает как мама, которая должна сделать укол больному ребёнку. Как бы ребёнок ни возражал, мама сделает укол, так как это необходимо для спасения жизни малыша. Но при этом она будет гладить его по голове, говорить добрые слова и дарить подарки…

О добрых людях
Одна церковная журналистка как-то сказала мне, что общение со священниками показало ей, как много хороших священников. А я могу сказать, что волонтёрство может показать, как много на земле хороших и добрых людей.

Когда я общаюсь с людьми то у меня чувство, что я должен разуться чтобы с благоговением подойти к святыне души другого.

Добрый человек приносит радость, даже когда он умирает.

Одна знакомая показывала мне фото своей умершей пожилой мамы у которой была слава небесная на лице. Святой Иустин Сербский укрепился в вере, когда увидел благодать на лице своей умершей мамы...

Быть может, вы думаете о том, что вы не обладаете никакими талантами для того, чтобы послужить другому человеку? Это не так. Посмотрите на себя глазами Господа, создавшего вас. Он не творит ничего уродливого и ненужного.

Быть может, вы видите красоту во всём, что нас окружает, и имеете много дорогого в этом мире среди простых непростых вещей? Ведь вся земля создана для каждого из нас и очень хорошо, что есть люди, которые её ценят. Это тоже ваша литургия узнавания небесной красоты в простом. Ведь на самом деле вы любите траву, море и чай не просто потому, что в мире есть трава, море и чай, а потому, что в мире есть любовь. И это прекрасно. И книги для вас не просто книги, но весть из дальней страны, на самом деле вы их цените за то блаженство, которое виднеется сквозь книгу, сквозь музыку, в ваших любимых и так далее. Поэтому вы не должны себя называть приземлённым человеком так как не всякий может отнестись к красоте всего так, как я вам сейчас о вас сказал!

О молитве
Весь секрет в том, чтобы испытывать душевную боль за того, за кого молитесь, это и будет настоящая исполняемая молитва...

За служение другим Господь дарует благодать...

Когда я только начинал волонтёрскую деятельность, то удивлялся словам Ларисы, которая утверждала, что молитва – главное, что мы должны дать больным. Теперь, спустя время, я вижу, что роль молитвы, действительно, очень велика.

Благодаря именно регулярной молитве в больницах меняется духовная обстановка, а в жизни пациентов появляется осмысленность и значение.

Старец Зосима Сокур когда-то сказал: «Если вы не ощущайте смысла в жизни – молитесь, и смысл появится». Этот совет важен и для воцерковлённых христиан, и для тех, кто только приходящих к вере.

Просто потому, что смысл жизни есть пребывающий в нас Дух Святой, а Он приходит именно через нашу молитву и деятельную доброту.

Именно молитва, богослужение выражает церковь, как она есть – небом на земле. Хотя, конечно, любовь между людьми делает то же самое.

Психически больные дети легко отзываются на просьбу о ком-либо помолиться. Пятнадцатилетний Максим, например, начинает на священнический манер распевно выводить: «Господи, помоги Денису, Пете, Ване, Илюша болеет, Давид болеет». Попросив у Бога здравия всем своим знакомым, он переходит к любимым персонажам (Максим по болезни не может чётко осознать разницу между кинематографическими образами и живыми людьми). Поэтому дальше Максим молится так: «Господи, помоги Карабасу Барабасу, помоги Джеку Воробью». Когда некая монахиня услышала эту его молитву, сказала: «Как же повезло актёру, сыгравшему Джека Воробья!!!».

Божий взгляд во всяком месте и деле открывает свет и повод для радости. Так происходит потому, что Бог везде есть, только нужно правильно Его увидеть.

Смотреть на мир Божьим взглядом помогают причастие, добрые дела и молитва.

Доверие Богу

Посмотрите на икону Христа и прочтите несколько глав из Евангелия. Подумайте, может ли такой Бог вас обмануть? Желать зла вам и вашим детям? Ответьте себе на эти вопросы. Постарайтесь отнестись к Живому Христу как к маме. Ведь как вы не подведёте своих детей, так и Он Своих...

Совпадают ли ваше и Его желание дать вашим детям радость и ввести их в свет? Можно говорить себе: «Я доверяю Богу. Я доверяюсь Богу. Я доверяюсь Тебе!»

Господь допустил вам испытать страх, чтобы вы глубоко ощутили Его помощь и защиту, чтобы вы ощутили, что Он – ваша безопасность и ваша защита. В Ветхом Завете есть слова: «Взгляните на прежние поколения –

был ли хоть один, кто доверился Господу и постыдился?» В конечном итоге это испытание вас научит ещё больше доверяться Христу. В те моменты, когда вам трудно, смотрите на Его икону и думайте, каков Христос и как Он к вам относится? Может ли Он вас подвести? Может ли желать, чтобы вы и ваши дети мучились? Мне почему то кажется, что нет... Святой Григорий Богослов говорит, что Богу неугодно, чтобы мы страдали.

Обязательно молитесь в эти тяжелые моменты страха. Говорите: «Господи, вручаю себя Тебе». Меня этой молитве научил старец. И не бойтесь. Если даже близкий человек всё для вас сделает, то неужели Он не таков? Или иначе – если вы всё сделали бы для Христа, то неужели и Он не сделает для вас всего?

Служение
В чём служение? В том, чтобы облегчить жизнь другого. Закон Христов исполняет тот, кто несёт тяготы других. Можете понять эти слова буквально и понести чьи-то сумки от магазина до дома. Как говорил мужик Марей из дневника Достоевского: «Ужо я-то тебя не дам волку...»

Конечно, Господь принимает всякое наше служение другому человеку. Быть может вы мама или учитель и вас огорчает плохая успеваемость вашего ребёнка в школе? В чём тогда ваше служение?

Помогайте ему учиться, но многого не стоит требовать, ведь смысл не в том, чтобы он учился лучше других, а в том, чтобы он стал человеком... кстати, многие гениальные дети плохо учились в школе... Энштейн не успевал по физике, Эдисон получал двойки по математике, Огюст Роден не смог поступить в школу искусств дважды... Поэтому чья-то пятерка для Бога может быть двойкой, а чья-то двойка – пятеркой... Не огорчайтесь об этом, просто будьте с ребенком, живите с ним и принимайте в себя его жизнь... Ваше доброе участие в нем поможет ему стать человечным и развить именно тот строй души, с которым он сотворён...

Быть может, вы не имеете времени посещать больницы? Но вокруг вас всегда много людей и помощь им может быть самой разнообразной. Доброе дело, сделанное в нужный момент, запоминается на всю жизнь. Одна моя подруга рассказала мне, как в период их острого семейного безденежья её муж ехал вечером с работы домой и встретил некого незнакомого человека. Тот был при деньгах, начальником работает и навеселе слегка. И вот муж понравился ему и он дал ему внушительную сумму, говоря: это не тебе, а твоей семье. Муж отнекивался, а тот говорит: буду за тобой до самого дома идти и твоей жене отдам!!! Дай хорошее дело сделать! Муж взял, а этой семье тогда как раз на лекарства очень много было нужно...

А может, у вас нет ни сил, ни времени, ни материальной возможности помогать? Но и тогда есть выход. Вот что написала по этому поводу одна знакомая.

«Помогать материально у нас пока не получается, а оставаться безучастной стыдно... И вот когда я страдала по этому поводу, одна девочка, которая постоянно общается с больными детьми, сказала: а ведь о них постоянно просят молитв – ты же православная, можешь молитвенно помочь. Я восприняла это как выход...».

О мире
Жизнь есть рай и место встречи с Богом несмотря на то, что иногда бывает очень больно. Но это «больно» случается не по вине Бога.

О страстях
Христианин и волонтёр имеет особое основание в борьбе со страстями. Оно в том, что мы понимаем – наши

любимые должны быть любимы нами в полную меру того, на что мы способны. Без борьбы со страстями любовь всегда будет непрочной…

О неблагодарности
Далеко не всегда волонтёр услышит слова благодарности за свою деятельность. Бывают случаи, когда волонтёра ругают те подопечные, которым он приносит еду и деньги. Часто бывает, что и от врачей приходится слышать упрёки и обвинения в неких малозначимых вещах. Врач, если он человек раздражительный, как правило не может сорваться на священника, а волонтёр, напротив, совершенно беззащитен. Ведь это именно волонтёр желает приходить в больницу и в случае любого возражения, раздраженный врач может запретить ему это делать. Я заметил, что чем большее добро удаётся сделать в конкретный день, тем большему наказанию есть риск подвергнуться. Особенно если в больничном храме служилась литургия и вы подводили людей к исповеди и причастию.

Если же больничный врач ведёт себя адекватно, то на волонтёра могут обрушиться с обидами дома или на работе. Помню, много лет подряд после субботнего посещения больницы я не решался ехать домой. Я подходил ко всем иконам в часовне и говорил святым, что возвращаться мне невыносимо. А потом возвращался и терпел новую порцию побоев и оскорблений. Если и у вас так, то помните две вещи. Во-первых, всё плохое на земле имеет предел. Плохое временно и оно когда-нибудь обязательно окончится. Во-вторых, это то, что у каждого церковного человека есть близкие ему друзья, которые во всём помогут ему, точно так как и он во всём поможет им. Осознание этого может укрепить в самый тёмный и скорбный час. Но есть и ещё одно – ведь если мы терпим обиды за Христа, то и награда нас ожидает от Христа. Святой Николай Сербский говорит, что если пастух пасёт овец, то награды он ожидает не от овец, но от того хозяина, которому принадлежат овцы… Верно это и в отношении любой работы Господней. Вспомните историю нашего мира – был ли хоть один добрый человек, которого оставил Господь? Был ли такой, к кому не пришла помощь?

Люди, как правило, не злы, хотя и озлоблены и потому они смягчаются, когда неожиданно для себя встречают смиренное, кроткое, ласковое отношение и желание помочь. Своим терпением и добром мы помогаем другому человеку победить внешнее по отношению к его душе зло.

Чем труднее бывает, тем яснее, что наша жизнь светла и похожа на сказку, и украшение её – добрые люди.

Вера не сковывает человека – она проливает свет в его страдание, она даёт предощущение хорошего конца.

О паломничестве с больными

Если вы хотите подарить больным незабываемые впечатления – свозите их в паломничество по святым местам. Конечно, это не дёшево. Нам приходилось сбрасываться деньгами и нанимать автобус. Но ведь такие случаи бывают не часто, а радости дарят много. Так мы возили пациентов психоневрологического интерната, психиатрической больницы и больных детей. Возили в монастыри и к святым источникам. В такие поездки всегда нужно брать сопровождающих из родственников или врачей.

Быть может, вы действуете в одиночку или вам не под силу нанять автобус? Тогда отвезите больных в любой из городских храмов на причастие. Эта поездка доставит им радость не меньшую, чем монастырь или святой источник.

О нищих

Вы знакомы с нищими? Я – да. Среди них встречаются разные люди, но любой из них совсем не ожидает от вас человеческого отношения. Поэтому их можно удивить. Подавая милостыню пожелайте им доброго дня. Поговорите с ними. Быть может они по привычке расскажут вам какую-нибудь небылицу. Дело не в этом, а в том участливом внимании, которое вы можете им оказать. Ведь в их жизни ничего подобного нет.

Они непременно откликнутся на вашу доброту и ваше дело станет вашей молитвой. Знаю одного нищего, который в благодарность за заботу о нём принёс мне, тогда ещё церковному сторожу, буханку хлеба.

А возле одного донецкого храма сидит нищенка Валентина. Я знаю нескольких прихожан, которые не брезгуют разговаривать с ней. Среди них Лариса, о которой я уже много писал в этой книге. Лариса всегда выслушивает Валентину, всегда вникает в её проблемы. Ведь у нищих тоже есть проблемы, только свои. Эту женщину, например, обижает сын, а она ничем не может от него защититься. Пока нет людей или идёт служба в храме, Валентина читает молитвы по подаренному Ларисой молитвослову. Как-то она захотела купить в свечной лавке икону, но свечница не пустила её в лавку, посчитав это неприличным. Тогда она попросила меня, чтобы я ей приобрёл маленькую икону святого Николая, которую она теперь всегда носит с собой. Как-то Валентина спросила меня, почему я с ней всегда разговариваю? Я ответил, что с точки зрения богословия мы с ней абсолютно равны перед Богом и любимы Им одинаково. Эти слова удивили её и она до сих пор помнит их. Но ведь я сказал ей правду – при разных жизненных условиях мы перед Богом одинаковы потому, что Он взирает на сердце. И если современный мир стал мерить деньгами достоинство человека, то это не значит, что так же стал мерить Бог…

Мудрость
Как-то мой день ангела пришелся на субботу и передо мной встала следующая задача. С одной стороны я должен был ехать в больницу и работать с больными, а с другой, конечно же, хотелось причаститься. Понимая важность и того и другого действия я никак не мог выбрать и решил спросить совета у священника о. Александра. Знаете ли, чем отличается небесный взгляд на ситуацию? Он всегда предлагает некий путь, который выводит нас на новый уровень понимания. Говорят, когда-то учёные заперли обезьяну в клетке и оставили ей всего четыре возможных пути к выходу. Обезьяна нашла пятый путь. А Бог помогает решить всё так, чтобы приобщить ситуацию небу. И священник сказал мне в ответ на моё недоумение слова Христа: «Нищих всегда имеете с собой, а Меня не всегда» и посоветовал мне причаститься, а я ещё раз удивился тому, что Евангелие можно внести в нашу жизнь и тогда жизнь становится раем.

Волонтёры и общение
Многие волонтёры говорили мне, что они посещают больных не только ради служения, но и ради того общения, той близости, которая образовывается между самими волонтёрами. Этого не нужно пугаться. Очень важно, что можно быть с близкими. Я все эти годы занимаюсь не только с опекаемыми, но и с волонтёрами. Так как им тоже нужна помощь и у каждого из них есть собственная боль. Эта боль, эти душевные раны с которыми волонтёр начинает своё служение, исцелятся не сразу. И всё же Господь и Сам, и через людей найдёт способ утешить, обрадовать и окрылить душу.

Волонтёры и промысел (путешествие в интернат)

В Мариупольский интернат к брошенным детям я собирался давно. Некий священник обещал отвезти меня туда и назад на машине, но всё никак не удавалось найти времени на поездку. Но однажды я понял, что откладывать дальше нельзя и назвал день своего приезда. Этот интернат рассчитан более чем на 300 детей, но живёт в нём около 70-ти. Их посещают мариупольские волонтёры, которые устроили тут молитвенную комнату и много общаются с детками.

На день нашего приезда испортилась погода – весь день шел дождь, который тотчас замерзал на морозе. Водители боялись ехать, но отменить занятие было бы неправильным. Несколько раз машина глохла посреди каких-то полей между двумя городами. На пустой трассе и по такой погоде это было весьма опасно, но мы со священником молились и машина каждый раз заводилась. Тогда я подумал, что препятствия в пути не означают, что Господь не поможет их преодолеть.

Мне же нужно было провести для них несколько занятий о вере. В начале было условлено, что я проведу с детьми два занятия: для совсем маленьких и среднего школьного возраста. Но когда мы приехали, оказалось, что директор интерната хочет собрать вообще всех детей в актовом зале: и младших, и средних и старших. Если вы когда-нибудь проводили занятия для детей, то знаете, что такое смешение возрастов делает урок практически невозможным, так как если рассказывать сложно – скучают маленькие, а если просто – большие. В общем, как сказал бы Джон Толкиен, для такого урока нужна ювелирная ловкость гномов…

Положение осложнялось тем, что все мои уроки были рассчитаны на конкретную возрастную аудиторию. Я был растерян. И тогда Господь послал счастливый случай.

Дети сами сказали, чего они хотят услышать. Двое старших деток подошли к девушке-волонтёру и спросили её: «Это что, занятие о вере? Снова будут рассказывать, как вести себя в храме?». Мне стало ясно, что дети думают, будто я приехал читать им мораль. Это было, конечно же, не так.

Поэтому своё новое, экспромтом составленное занятие я начал со слов, что когда сам ещё не ходил в храм, то думал, что там только морализаторствуют и учат как себя вести. А оказалось, что там можно найти новую жизнь, которая интереснее всего остального. В общем, дети поняли, что будет не скучно. Они заворожено слушали ни на что не отвлекаясь и живо участвуя в уроке.

Потом мы пошли в молитвенную комнату, а по дороге я знакомился с детками. Некоторые мне особенно запомнились. Грустная маленькая Даша, которая очень скучала по ласковому отношению. Не знаю, какие страдания она перенесла прежде чем попасть сюда, но на её лице был явно заметен отпечаток духовности, которая идёт вслед за страданием.

Двенадцатилетний Денис, сказавший, что ему очень понравилось занятие, и он теперь будет меня ждать. Я ответил, что тоже буду ждать встречи с ним.

И ещё одна девочка, которая после урока подарила мне календарик. Для кого-то это, быть может, пустяк, но для таких детей это, часто, всё их сокровище… В буквальном смысле такие подарки как две монеты, с которыми евангельская вдова положила в сокровищницу всё пропитание своё.

Кто-то из древних сказал, что путешествие ценно тем, что мы можем увидеть новых людей и посмотреть новые земли. Мне за мою жизнь приходилось много путешествовать, и я с радостью отмечал, как много существует хороших людей, только о них не пишут в газетах, как никогда не появится статьи о девушке, ехавшей со мной из Донецка к детям. В конце пути она рассказала, что помогает детям у которых почечные болезни. Я много лет общаюсь с ней, но совсем не знал об этом.

И я подумал, что много, очень много на нашей планете таких вот тихих и светлых тружеников, как эта девушка и ещё многие, имена которых записаны в книге жизни. Мир совсем не знает о них. Православные друзья часто не знают о них. Но они есть. Они, эти добрые люди, часто совсем рядом, по соседству с теми, кто, всё имея для счастья, жалуется, что несчастен. Как их найти? Это очень просто. Помогите кому-то и вы увидите, как много на свете добра, которое заметно только доброму человеку.

Советы волонтёрам

1. Жительство по совету. То есть, советоваться с опытным наставником или любящим нас духовным другом о том, что именно нам нужно делать. Совет помогает нам идти средним путём – не взвалить на себя больше сил, но и постепенно, увеличивать свою меру.

2. Вопрос ответственности. Единожды выбрав объект опеки нужно посещать его. Ведь мы имеем дело с людьми, а люди привыкают к людям. Это нужно учитывать в своём деле.

3. Важность отдыха. В деле обязательно должны быть определённые перерывы. Помогает временная смена деятельности, если у вас несколько мест за которые вы отвечаете.

4. Важность волонтёрского общения. Это даёт чувство того, что ты не один в своём устремлении. Вообще, волонтёрство помогает дружить, а дружбу нужно растить не менее заботливо, чем волонтёрское дело. На служение лучше ходить хотя бы по двое. Так и Христос до Пятидесятницы посылал апостолов по двое. Важность пары

я понял когда стал посещать больных. Ведь волонтёру поддержка нужна не меньшая, чем тем, кого он посещает.

5. Литургическая жизнь. Частое причастие и участие в богослужении. Это даёт силы душе, чтобы служить другим.

6. Проповедуй правильно. Прежде чем говорить о Боге убедись, что твоё о Нём и Его отношении к людям представление правильно. Неумелая, жесткая, жестокая, обвиняющая проповедь только ранит, и никакого плода не приносит.

Помню, как однажды с нами посетил психбольницу некий молодой человек. Раздавая угощение (купленное, кстати, не им) он непрерывно осуждал несчастных, лежащих там алкоголиков и наркоманов, корил их и говорил, что они злы и равнодушны к храму. И он совсем не видел, что его позиция не является проповедью.

Люди откликаются не на серию обвинений, а на сердце милующее.

Когда в ту же больницу приехала Лена П., то больные сбежались к ней, ведь она говорила с ними как с равными, а не как с бандитами и отщепенцами, которых нужно перевоспитывать. Когда нам жалко кого-то, в его жизни всё будет хорошо. И говорим мы тогда совсем по-другому.

7. Неверие в свои силы. Оно может весьма навредить. Человеку может казаться, что от него не может прийти в мир ничего полезного. На самом деле это не так.

Пиши, делай, создавай, думай и говори. Даже если позвать сюда Пушкина, Сократа, Моцарта и Достоевского, и они не смогут заменить то, что можешь сотворить ты. Почему? Потому что у тебя неповторимая и единственная в мире душа, которой никогда не было и никогда не будет. Ту красоту, которую ты можешь принести в мир, можешь принести только ты и никто другой. Во всём огромной божественном концерте нашего мира твоя партия уникальна, и сыграть её из всех живших, живущих и будущих сможешь только ты. И если ты этого не сделаешь, если не обогатишь землю и людей своей неповторимой красотой, то мир обеднеет на целую удивительную и прекрасную душу твою.

Несколько моих замечательных подруг не решаются ездить в больницы только потому, что считают, будто не могут сделать ничего полезного. А ведь на самом деле даже одно участливое слово делает жизнь другого светлее.

Замечу так же, что каждая из них, хотя бы единожды, делала мою жизнь светлее своим добрым участием. То есть Господь давал им силы творить добро, только они этого не понимали. Мы должны обязательно верить, что Господь призвал нас к добру и дал все силы творить его.

Несколько слов о проповеди
Святой Феофан Затворник когда-то сказал, что сила слова в человеке происходит исключительно от благодати, а Бог в человеке присутствует только по силе жития.

В конечном итоге мир очень устал от слов и люди ищут утешения, а находят новые слова.

На нас смотрит человек страдающими глазами, не у нас ли сострадающее лицо Бога? Люди ждут утешения, избавления, понимания. Всё это не может родить никакое ораторское искусство, но только передача личного опыта встречи со Христом, личного богообщения.

О Христе в Евангелии сказано, что Он говорил как власть имеющий. И Его ученики могут и должны говорить о духовной жизни только исходя из опыта самой духовной жизни. Иначе слова ничего не будут стоить и никакое внешнее украшение им не даст внутреннюю силу свидетельства.

Может получиться так, что некий проповедник выйдет к людям, станет цитировать древних святых: «Василий

Великий говорил то, Иоанн Златоуст то, Григорий Богослов то», а другой человек смотрит на него и думает: «И зря они всё это сказали, если единственный результат их слов – ты, вот такой, который передо мной стоишь».

Древний святой как-то заметил: «Слова опровергаются словами, но чем можно опровергнуть жизнь?».

Миссионеру не нужно стараться выставить себя перед людьми неким духовным суперменом. Даже слово о его духовных неудачах может помочь слушателям, так как и они знают множество неудач.

Один мой знакомый христианин рассказывал, как будучи новоначальным однажды попросил у Бога жить в чувстве Его присутствия. И тотчас ощутил поразительно сильно и внятно, насколько Бог рядом и как Он реален. Но этому человеку в этот момент очень хотелось пойти на кухню и поесть котлет. И всё же он себя заставил встать на молитву, чтобы не оскорбить то дивное чувство присутствия, которое открылось ему. Он молился до тех пор, пока благодатное состояние не стало утихать и отходить. Но он до сих пор помнит, как ему приходилось тогда выбирать между молитвой и котлетами. И очевидно, если человек настроен только на котлеты, это затрудняет высокую встречу с Небом, по причине человеческой неготовности.

Православие это не слова, а опыт жизни в Боге. Именно этим сокровищем и может поделиться миссионер. Конечно, при условии, что он этому сокровищу причастен.

И ещё важно говорить применительно к тем конкретным людям, которые слушают миссионера. Приноравливаться к их пониманию. Разъяснять на понятных им примерах.

Проповедь, лекция, рассказ о духовном скучны тогда, когда человек говорит то, чего не знает на опыте. Ты говоришь, что христианство это радость. Но как я поверю тебе, если не вижу радости преображающей твоё лицо? По мысли отцов Добротолюбия, впадающий в страсть не может научить, как не впадать в неё. Мне важен и опыт борьбы проповедника и опыт его победы. Прочитать о Боге я могу и сам, но я хочу услышать, что Бог сделал в жизни того, кто мне о Нём говорит. Как складывались их отношения? С чего начинались? Как он преодолевал недовольство Богом и недоверие Ему? Как ощущает Бога и всегда ли ощущает?

Пересказ книг не может заменить личный опыт преображения и богообщения, поэтому человек должен говорить о Боге только то, что есть его личный опыт встречи и общения.

Мне важен не только опыт побед, но и опыт неудачи, поражения, которое не остановило движение души к истине.

Человек, конечно, не сразу побеждает страсть, но по мере своей борьбы он может научить и меня.

Человек может сказать о том, чем живёт и что живёт в нём.

Миссия – это стать Божьим присутствием в жизни хотя бы кого-то одного, кому плохо и кто страдает. Старец Дионисий Каламбокас говорит, что самая большая боль любого человека в том, что нет у него того, кто бы отвёл его к Богу. Людям вокруг нас очень тяжело, даже если внешне они успешны. И тяжесть эта в том, что они ощущают себя нелюбимыми и ненужными. Если мы дарим кому-то нужность, кого-то утешаем, кого-то радуем, то через нас Христос приходит к страдающему человеку.

О милостыне как молитве

Слышали ли вы о том, что милостыня в определённых случаях может стать молитвой? Об этом пишет авва Дорофей. Когда человек подаёт милостыню и мысленно говорит, допустим: «Господи, это за спасение моих детей». Бог спасает его детей. Или: «Это за сохранение корабля в море», – и Бог сохраняет корабль в море. Или: «Это за изобилие моего урожая», – Бог дарует изобилие урожаю. Авва Дорофей говорит, что Бог обязательно поможет подавшему милостыню, если только его прошение не идёт ему абсолютно во вред.

Вы, быть может, скажете, что авва Дорофей писал об этом слишком давно? Но и я и мои друзья часто убеждались, как быстро наша милость некому человеку склоняет Господа миловать и нас. Приведу несколько примеров.

Много лет назад, когда я был церковным сторожем, в храмовый двор пришла нищенка Тамара. Она была голодна, но не решалась просить еды. Я вынес ей свой обед – кусок свежего хлеба. Тамара растрогалась и сказала: «Пусть милость Божия будет с тобой, когда она тебе понадобится». Я поблагодарил её и ушёл, не придав особого значения её словам. Через несколько часов мне пришлось чистить снег во дворе храма. Там велось строительство, и кто-то из рабочих бросил на землю доску с торчащим наружу гвоздём. Этот гвоздь занесло снегом и я нечаянно наступил на него. Огромный строительный гвоздь пробил ботинок насквозь. Пробил ботинок, но не пробил ногу. Как ни странно, гвоздь, пройдя между двумя пальцами ноги, даже не поцарапал кожу. Тогда я впервые осознал силу благословения.

Вот другой случай. Моя знакомая Виктория К. имеет родного брата, который живёт далеко в России. Там он работает, но с некоторых пор на него взъелся начальник и стал буквально преследовать. Викторию это огорчало, но помочь она, конечно же, ничем не могла. Однажды Виктория подала некому нищему рубль и помолилась: «Господи, защити моего брата». На следующий день ей позвонила жена брата, и с радостью рассказала, что начальник брата внезапно напился в рабочий день и устроил дебош на работе. За это его и уволили и теперь брата никто не обижает. Виктория была поражена, как даже одного рубля приправленного любовью и жалостью хватило, чтобы Господь по Своему решил неразрешимую для них проблему.

С тех пор мне было интересно наблюдать, как внимательно Вика вглядывалась в лица прохожих – не нужна ли им какая помощь? И действительно, бывали случаи, когда бедные бабушки не решались попросить сами. Тогда Вика подходила к ним и протягивала какую-то сумму. Мне кажется, что такие случаи помогают всем участникам укрепить свою веру в добро. Воистину, чудно и светло Господь устраивает жизни наши, только узнаём мы об этом не сразу…

Люди часто живут беднее, чем нам кажется, и будут рады помощи от чистого сердца. Одна моя подруга по имени Ольга сказала так: *«Когда заканчивались деньги или нужны были дорогостоящие покупки (верхняя одежда, запчасти от компьютера и т.д.), то находились люди, которые давали или деньги, или вещи, или работу…».* Но всё это Господь управляет через людей. Думаю, пока мы живы, очень важно стараться быть теми, через кого Господь оказал свою милость нуждающимся.

Мне приходилось видеть как семейные люди, которые хотели послужить Богу, но не имели возможности ездить по больницам, находили для себя выход именно в милостыне.

Так семья моих любимых Виктора и Кати Ч. Они как-то решили от своего скромного заработка отделять некую часть, и жертвовать её на добрые дела.

А однажды у Виктора был в жизни такой случай. Катя послала его в магазин купить продуктов. Он набрал целую сумку и уже возвращался домой, как вдруг увидел во дворе высотного дома бедную бабушку, рывшуюся в мусорном баке в поисках хоть какой-то еды. Витя подошел к ней и молча протянул сумку с продуктами. Бабушка была поражена, а Витя собрался уже уходить, как заметил, что она идёт за ним. «Чего вам», – спросил её Витя. И бабушка ответила: «Сынок, скажи честно, ты ангел?».

Услышав эту историю, я подумал, что Витя в тот момент действительно был ангелом для этой бабушки, как и каждый из нас может стать ангелом для других. И сделать это – значит, найти ключ к той двери, за которой у Господа приготовлены каждому любовь и радость.

ПРОДОЛЖЕНЬЕ ВМЕСТО ПОСЛЕСЛОВЬЯ

Любовь и служение делают нас теми, кем нас задумал Бог. Человеку естественно было бы желать и того и другого. Тот, кто ищет чужой радости, находит свою, а кто ищет своего, тот не находит своего счастья.

Ведь наше счастье и наш рай – это Христос и любящие и любимые люди. Каждый из них – наш вечный рай и наше вечное утешение. Глядя на любого из них можно повторить слова святого Игнатия Богоносца: «Я весь изливаюсь от любви к вам».

Помню, когда я ещё учился в школе, мне подарили большую по тем временам редкость – персональный компьютер. Все мои друзья почти каждый день приходили, чтобы играть на нём в игры. Эти постоянные посещения тогда выматывали меня, ведь мне хотелось и отдохнуть после школы и самому поиграть. Но я всегда терпел и ждал по много часов, чтобы только доставить им радость. Я инстинктивно ощущал христианскую истину – доставить радость другому важнее твоих личных устремлений и интересов. Я не знал тогда, что человек – Образ Божий, но знал, что он – святыня. Ведь должен всегда быть кто-то кто обязательно примет тебя и во всё поможет. Такая установка не на себя рождает подлинное понимание другого. Станислав Лем в романе «Солярис» говорит: «*Как можете вы понять океан, если уже не в состоянии понять друг друга?*» Подлинное понимание возможно когда мы ничего не хотим от другого, кроме того, чтобы он был главным сокровищем нашего сердца в независимости оттого, примет он меня или нет.

Хотя трудности естественны для нас, но Господь даёт нам удивительное средство к их преодолению: «Друг друга тяготы носите, и так исполните закон Христов».

Если я во всём возьму на себя боль другого человека, а кто-то возьмёт мою, то боли больше не будет. Она не устоит перед любовью. Наше утешение знать, что мы любимы и нужны до конца.

Это я знал всегда, а потом этому меня учил старец Гавриил Стародуб. Не словами, но всем образом жизни он показал, что если мы хотим кого-то утешить, то должны его полюбить так, чтобы дороже его для нас никого не было. Чтобы мы никогда не сказали ему: ты мне нужен, но мужа или жену я люблю больше. Секрет христианского отношения заключается в том, что христианин каждого своего ближнего любит так. Каждый абсолютно дорог, как будто ты женился на нём.

Некоторых эта высота пугает, но пример её Сам Христос. В 17 главе от Иоанна Он говорит: «Ты, Отче, возлюбил их (учеников), как Меня».

Вдумаемся в это. Бог Отец любит каждого из нас, как Христа. Христос каждого любит, как Бога Отца. А апостолы учат подражать Христу. Поэтому, всё дело в ответности человека.

Слова Евангелия об апостоле Иоанне как любимом ученике Христа толкователи понимают так, что, Иоанн сам больше любил Господа. Ведь Господу равно нужен и дорог был каждый Его ученик. Он умыл ноги и Петру и Иуде, не оттолкнув ни того, ни другого.

Встречал ли я в жизни такую, равную ко всем любовь? Да. У старцев Гавриила Стародуба, Зосимы Сокура, Илариона Михаила, Никона Лазару, Дионисия Каламбокаса. И у некоторых своих прекрасных, светлых и мудрых подруг.

Все они, такие разные, сходны в том, что в их присутствии заключено присутствие Христово, в их разговоре – слова Христовы, а в их посещении других посещает Бог. Такой делает их необыкновенная доброта и сердце милующее всех, кто страдает.

Тот свет, который разливали они вокруг себя, согревал и согревает души, и я понимаю, что это и есть христианство.

Православная библиотека – Orthodox Logos

- *Откровенные рассказы странника духовному своему отцу*
- *Семь слов о жизни во Христе* – праведный Николай (Кавасила)
- *О молитве* – святитель Игнатий (Брянчанинов)
- *Об умной или внутренней молитве* – преподобный Паисий (Величковский)
- *В помощь кающимся* – святитель Игнатий (Брянчанинов)
- *Христианство по учению преподобного Макария Египетского* – преподобный Иустин (Попович), Челийский
- *Философские пропасти* – преподобный Иустин Челийский (Попович)
- *Священное Предание: Источник Православной веры* – митрополит Каллист (Уэр)
- *Толкование на Евангелие от Матфея* – святой Феофилакт Болгарский, архиепископ Охридский
- *Толкование на Евангелие от Марка* – святой Феофилакт Болгарский, архиепископ Охридский
- *Толкование на Евангелие от Луки* – святой Феофилакт Болгарский, архиепископ Охридский
- *Толкование на Евангелие от Иоанна* – святой Феофилакт Болгарский, архиепископ Охридский
- *Таинство любви* – Павел Евдокимов
- *Мысли о добре и зле* – святитель Николай Сербский (Велимирович)
- *Миссионерские письма* – святитель Николай Сербский (Велимирович)

- *Живой колос* – праведный Иоанн Кронштадтский (Сергиев)
- *Дидахе. Учение Господа, переданное народам через 12 апостолов*
- *Домострой* – протопоп Сильвестр
- *Лествица или Скрижали духовные* – преподобный Иоанн Лествичник
- *Слова подвижнические* – преподобный Исаак Сирин Ниневийский
- *Миссионерские письма* – святитель Николай Сербский (Велимирович)
- *Точное изложение православной веры* – преподобный Иоанн Дамаскин
- *Беседы на псалмы* – святитель Василий Великий
- *Смысл жизни* – Семён Людвигович Франк
- *Философия свободы* – Николай Александрович Бердяев
- *Философия свободного духа* – Николай Александрович Бердяев
- *Песня церкви - Праведники наших дней* – Артём Перлик
- *Сказки* – Артём перлик
- *Патристика* – Артём Перлик
- *Ты нужен мне* – Артём Перлик
- *Следом за овцами - Отблески внутреннего царства* – Монахиня Патрикия

www.orthodoxlogos.com

www.ingramcontent.com/pod-product-compliance
Lightning Source LLC
Chambersburg PA
CBHW060606080526
44585CB00013B/707